凱恩斯‧大堡礁

這是什麼呢？

（答案見P2）

Lala Citta是義大利文的「城市＝La Citta」，
和享受輕快旅行印象綜合而成的用語。
在海邊的餐廳和公園度過優閒時光
或是療癒的可愛動物、島上的度假村等‧‧‧
不可錯過的旅遊時尚新主題。
當你在想「今天要做什麼呢」時
就翻翻這本書吧。
歡樂旅遊的各種創意都在書中

人人出版

凱恩斯・大堡礁
CONTENTS

● 凱恩斯＆大堡礁 小檔案...004
● 五天三夜的經典行程...006
● 旅遊季節...008

Cairns 凱恩斯

● 區域導覽......010

012 來凱恩斯最想玩！8
① 凱恩斯市區漫步......012
② 以澳洲美食來迎接美好心情♡......014
③ 前往購物天堂！......016
④ 讓人身心療癒的自然SPA......018
⑤ 最喜歡的澳洲動物......020
⑥ 前往查普凱原住民文化公園！......022
⑦ 挑戰戶外活動！......024
⑧ 夢幻的度假村住宿......026

028 還有還有！從凱恩斯出發的遊玩行程
● 從車窗欣賞庫蘭達的絕美風光......028
● 來到珊瑚礁綠島和熱帶魚一起悠游共舞......032
● 暢快海邊兜風......036
● 亞瑟頓高原壯闊兜風之旅......038

040 凱恩斯 市區逛逛小建議
● 遊覽方式的重點......040　● 路線巴士......042
● 計程車......045　● 租車自駕......046　● 租借自行車......048

049 美食　　　**052 購物**

059 飯店　　　**061 戶外活動＆主題公園**

064 表演秀＆現場演奏 065 酒吧＆夜店 066 Spa
● 夜市......058　● 在凱恩斯徜徉藝術世界......063

067 凱恩斯出發1DAY小旅行
● 棕櫚灣......070　● 道格拉斯港......074
● 莫斯曼＆戴恩樹......078

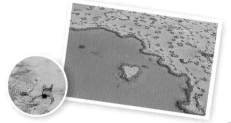

Great Barrier Reef
大堡礁

本 書 的 標 示

⬛…世界遺產
⬛…必看景點　⬛…絕佳景觀
⬛…大約30分　⬛…30～120分
⬛…120分以上
⬛…一人份的參考價錢（⬛為早餐⬛
　　為午餐⬛為晚餐）。原則上不包
　　含飲品。
⬛…需事先訂位　⬛…有著裝規定
　　（最好穿西裝繫領帶）
⬛…有（販售酒類的）執照
⬛…B.Y.O（可攜酒類入店）
⬛…單人房，或是單人使用雙人房的
　　住宿費（房費）
⬛…雙人房一晚的住宿費（房費）
⬛…有餐廳　⬛…有泳池
⬛…有健身房
⬛…有美體沙龍、Spa
⬛…有商店
⬛…有商務中心

● 區域導覽……080
● 參加遊船觀光行程出發來去外堡礁！……084

086 度假遊玩行程 4+α

① 漢密爾頓島……086
　● 遊逛漢密爾頓島……088
　● 人氣戶外活動……090
　● 度假村導覽……091

② 海曼島……092
③ 白日夢島……094
④ 蜥蜴島……096

● 凱恩斯一日遊麥克馬斯珊瑚礁……097
● 凱恩斯一日島嶼遊……098
　費茲羅伊島／福臨島
● 還有還有！大堡礁的絕美度假島……099
● 大堡礁的戶外活動……101

卷末MAP

凱恩斯＆大堡礁……118

大堡礁
● 大堡礁北部……120
● 大堡礁南部……121

凱恩斯
● 凱恩斯廣域圖……122
● 凱恩斯市區……123
● 凱恩斯市區（南）……124
● 棕櫚灣……126
● 道格拉斯港……127

102 旅遊資訊

澳洲出入境的流程…102
機場到市區的交通…106
貨幣資訊＆貨幣兌換…108
電話・網路・郵件…109
基本資訊…110
旅行時的突發狀況…112

● 旅遊便利貼…112
● Index…115

⬛…交通　⬛…地址　⬛…電話號碼
⬛…開館時間、營業時間　⬛…公休
⬛…費用
地圖…封底附錄的「隨身大地圖」

地 圖 的 標 示

R 餐廳　　　　　♀ 巴士站
C 咖啡廳　　　　🚗 計程車
S 商店　　　　　▲ 山
N 夜間娛樂　　　⚑ 海灘
E 美容保養　　　⚅ 銀行
H 飯店　　　　　⊕ 郵局
卍 寺院　　　　　田 醫院
✝ 教會　　　　　⊗ 警察局
i 觀光服務處　　◆ 學校、政府機關
✈ 機場　　　　　⚓ 高爾夫球場

其 他 的 注 意 事 項

→ 本書所刊載的內容及資訊，是基於2015年
　8～9月時的取材、調查編輯而成。書籍發
　行後，在費用、營業時間、公休日、菜單
　等營業內容上可能有所變動，或是因臨時
　歇業而有相關的狀況。此外，包含各
　種資訊在內的刊載內容，雖然已經極力追
　求資訊的正確性，但仍建議在出發前以電
　話等方式做確認、預約。此外，因本書刊
　載內容而造成的損害賠償責任等，敝公司
　無法提供保證，請在確認此點後再行購
　買。
→ 地名、建築物在標示上參考澳洲旅遊局等
　單位提供的資訊，並盡可能貼近當地語言
　的發音。
→ 休息時間基本上僅標示公休日，略過新
　年、復活節、聖誕節、國慶日等節日。
→ 費用的標示為成人的費用

可以拆下使用
隨身大地圖

正面…凱恩斯市區（南）
背面…凱恩斯市區（北）

● 道路名稱的略稱
Street = St.　　　　　Highway = Hwy.
Boulevard = Blvd.　　Avenue = Av.
Road = Rd.　　　　　Close = Cl.
Drive = Dr.　　　　　Crescent = Cr.

Cairns 凱恩斯

澳洲最靠近台灣的都市，
被美麗海洋及世界遺產熱帶雨林
圍繞的度假城鎮。
除了美食和購物，
還有能享盡自然風光的
戶外活動。

世界遺產

●昆士蘭省的
熱帶濕潤地

昆士蘭省東北部的湯斯維
爾到庫克鎮之間是一片
9000㎢大的熱帶雨林區。
道格拉斯港近郊擁有戴恩
樹國家公園等三座國家公
園。

觀光焦點

●凱恩斯市區→P12
●庫蘭達→P28
●綠島→P32

必吃美食

●新鮮海鮮＆澳洲牛排→P14、49～
●現代澳洲菜→P14、49～

購物

●凱恩斯中央購物中心→P17、52
●澳洲特產伴手禮→P16

1.在潟湖游泳池旁的草地上享受日光浴　2.無尾熊圓溜溜的眼睛療癒人心
3.晚上還可以去夜市（→P58）逛街購物！　4.刺激有趣的泛舟（→P24）
是熱門戶外活動 5.乘坐熱氣球來到空中欣賞自然美景（→P25）

阿拉弗拉海 Arafura Sea
帝汶海 Timor Sea
達爾文 Darwin
印度洋 Indian Ocean
北領地 NORTHERN TERRITORY
澳洲 AUSTRALIA
烏魯魯(艾爾斯岩) Uluru(Ayers Rock)
西澳大利亞州 WESTERN AUSTRALIA
南澳大利亞州 SOUTH AUSTRALIA
珀斯 Perth
大澳洲灣 Great Australian Bight
大堡礁 Great Barrier Reef
凱恩斯 Cairns
昆士蘭省 QUEENSLAND
布里斯本 Brisbane
黃金海岸 Gold Coast
新南威斯省 NEW SOUTH WALES
雪梨 Sydney
坎培拉 Canberra
維多利亞省 VICTORIA
阿得萊德 Adelaide
墨爾本 Melbourne
塔斯馬尼亞省 TASMANIA
荷伯特 Hobart
塔斯海 Tasman Sea
N
0   500km
位於南半球

旅遊常識

正式國名・城市名
澳洲聯邦
昆士蘭省凱恩斯

人口／面積（昆士蘭省）
約479萬人／約173萬㎢

共通語言 英文

簽證 短期觀光或商務旅行可以憑ETA（電子簽證）入境澳洲。詳情請參閱P102。

貨幣與匯率
A$1＝約24元
（2017年8月時）
澳洲的一般通用貨幣為澳幣紙幣
（A$）及硬幣（¢）。A$1＝¢100。

小費 一般而言不需要支付小費。不過在高級飯店或餐廳享受到特別服務時，可以給予小費。

稅金 基本上全部商品都需要加上10％的消費稅（GST）。旅客在規定的條件內辦理手續可享有退稅（TRS）。

時差 台灣和昆士蘭省的時差為2小時，台灣時間加上2小時就是昆士蘭的時間。無實施夏令時間。

大堡礁
Great Barrier Reef

被指定為世界遺產的珊瑚礁群大堡礁。
由大大小小900多個島所組成，其中有約20個島被開發成度假村。
徜徉在蔚藍海洋，享受多采多姿的戶外活動樂趣。

世界遺產

●大堡礁

位於昆士蘭省東岸海岸線延伸約2000km海域上，是世界上規模最大的珊瑚礁群。有1500種以上的魚類及300種以上的珊瑚等無數海洋生物棲息於此。

觀光焦點

●漢密爾頓島→P86
●海曼島→P92
●白日夢島→P94

必吃美食

●美味海鮮→P88、93

海上活動

●拖曳傘→P90、94
●觀光周遊船→P90、92、94、96等

1.珊瑚礁的漸層顏色美得讓人目不暇給
2.情侶或夫妻一起看到就能得到幸福的心形礁（→P90） 3.在島上海灘輕鬆遊玩的拖曳傘（→P90） 4.珊瑚礁島分散在清澈透明的海洋上

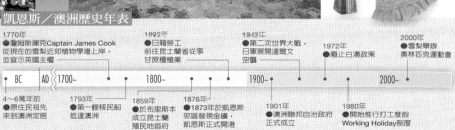

凱恩斯／澳洲歷史年表

1770年
●詹姆斯庫克Captain James Cook從現在的雪梨近郊植物學灣上岸，並宣示英國主權

1892年
●日籍勞工前往昆士蘭省從事甘蔗種植業

1942年
●第二次世界大戰，日軍展開達爾文空襲

1972年
●廢止白澳政策

2000年
●雪梨舉辦奧林匹克運動會

BC　AD　1700~　　1800~　　1900~　　2000~

4～6萬年前
●原住民祖先來到澳洲定居

1793年
●第一艘移民船抵達澳洲

1859年
●於布里斯本成立昆士蘭殖民地首府

1876年
●1873年於凱恩斯郊區發現金礦，凱恩斯正式開港

1901年
●澳洲聯邦自治政府正式成立

1980年
●開始推行打工度假Working Holiday制度

+α 行程編排

五天三夜的 經典行程

五天三夜的行程中，在當地實際停留時間為三天。要如何有效地把握時間進行觀光，是一大重點！可以參考以下經典行程來安排充實的旅程計畫。

海濱道上的潟湖游泳池是凱恩斯市民的都市綠洲（→P12）

♪ day 1

前一晚從台灣出發，機上過夜

`04:40～05:20` 抵達凱恩斯機場

- ●‥‥搭乘接駁巴士前往凱恩斯市區車程約15分

`07:00` 抵達市區飯店
※可以將行李寄放於飯店再行外出，或是事前向飯店申請辦理提早入住

- ‥‥步行10分

`08:00` 海濱道漫步

- ‥‥步行即到

`09:00` 在咖啡廳吃早餐

- ‥‥步行5分

`10:00` Cairns Wildlife Dome 遊玩

- ‥‥回飯店

`14:00～21:00` 參加可親近動物的自選行程

↑在海濱道（→P13）邊賞鳥邊散步

緊張刺激

盡享澳洲風情

可以抱抱無尾熊♥

↑挑戰 Cairns Wildlife Dome（→P21）內的遊樂設施！園內放養了約60種的鳥類及動物

➡可愛的小袋鼠

↑於海濱道上的Coast Roast Coffee（→P13）享用早餐

+α 行程備案
抵達凱恩斯後，若是想要悠閒度假，可以體驗SPA（→P18）療程。讓身心的疲累一掃而空。

♪ day 2

於各飯店出發

`08:00` 參加「綠島生態之旅」

- ‥‥旅行社的高速船、單趟約50分

`15:20` 抵達凱恩斯大堡礁遊艇碼頭

- ‥‥步行即到

`15:30` 在海邊咖啡廳休息片刻

- ‥‥步行15分

`16:30` 於凱恩斯中央購物中心逛街購物
※要注意週日只營業到16時

- ‥‥步行15分

`18:00` 在夜市及美食廣場享用美食

好美好美～

←在珊瑚礁海盡享浮潛樂趣

若想前往距離凱恩斯船程約50分的綠島，可以考慮參加觀光行程（→P33）

↓82K Collection（→P58）的香水瓶與鱷魚皮製品

➡前往夜遊景點夜市（→P58）。美食廣場可品嚐到各國美食

+α 行程備案
在凱恩斯，除了海灘以外還可以體驗各式各樣的戶外活動（→P24）。上天下地盡情感受大自然的美麗風光。

休息時間！

↑在碼頭前的AI Porto Cafe（→P15）享用美式鬆餅

↓來到有180間商店入駐的凱恩斯中央購物中心（→P52）逛街購物

➡入手Splish Splash（→P52）的泳裝

day 3

從飯店搭乘接駁巴士前往
卡拉沃尼卡站

09:00 搭乘熱帶雨林
　　　纜車

‥‥ 熱帶雨林纜車45分

09:45 抵達庫蘭達站

‥‥ 步行10分

10:00 庫蘭達村莊
　　　漫步＆午餐

‥‥ 於澳洲蝴蝶保護區前
　　搭乘接駁巴士，
　　車程5分，來到
　　熱帶雨林自然公園

11:45 乘坐水陸兩用
　　　軍鴨車前往
　　　熱帶雨林探險

‥‥ 接駁巴士5分

15:00 招牌冰淇淋
　　　當作點心

‥‥ 步行10分

15:30 庫蘭達站

‥‥ 搭乘庫蘭達觀光火車
　　車程1小時55分

17:25 抵達凱恩斯站

‥‥ 步行15分

19:00 於海邊景觀餐廳
　　　享用晚餐

抵達
庫蘭達站

↑ 熱帶雨林纜車
（→P28）在熱帶雨
林的上空全速前進

→ 庫蘭達村莊
（→P30）內有
庫蘭達文化遺產
市場、庫蘭達無
尾熊園、澳洲蝴
蝶保護區等豐富
景點。午餐也在
這裡享用

很好吃哦

↑ 庫蘭達招牌美食
Kuranda Homemade
Icecream（→P31）

↑ 乘坐水陸兩用軍鴨車（→
P31）前往熱帶雨林冒險

← 回程時搭乘歷史悠
久的庫蘭達觀光火車
（→P28）。行經1890
年代建造的鐵橋

↓ 在M Yogo（→
P15）一邊欣賞
夜景一邊享用
美味晚餐

Dinner

晚間全餐提供四種主餐選擇

↑ 法式海鮮醬糜

day 4

08:00 來到Woolworths
　　　最後大血拼

‥‥ 步行5分

09:30 從飯店出發

‥‥ 車程約15分

　　　抵達凱恩斯
　　　國際機場

11:35～12:30 返回台灣

↑ 來大型超市
Woolworths
（→P57）尋寶

← 袋鼠和澳
洲鴕鳥的肉
乾值得一試

適合當成
伴手禮分送！

← 購買澳洲出產紅
茶當作伴手禮

+α 行程構案

週五及週末可以前往
Rusty's Market（→
P55），品嘗道地的
路邊攤美食早餐。

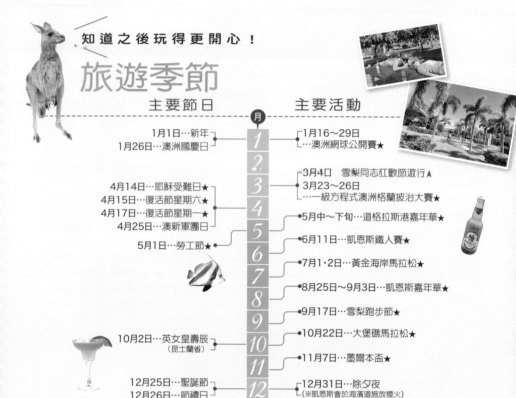

知道之後玩得更開心！

旅遊季節

主要節日 ‖ 主要活動

月

1
- 1月1日…新年
- 1月26日…澳洲國慶日
- 1月16～29日…澳洲網球公開賽★

2

3
- 3月4日　雪梨同志狂歡節遊行▲
- 3月23～26日…一級方程式澳洲格蘭披治大賽★

4
- 4月14日…耶穌受難日★
- 4月15日…復活節星期六★
- 4月17日…復活節星期一★
- 4月25日…澳新軍團日
- 5月中～下旬…道格拉斯港嘉年華★

5
- 5月1日…勞工節★
- 6月11日…凱恩斯鐵人賽★

6

7
- 7月1·2日…黃金海岸馬拉松★

8
- 8月25日～9月3日…凱恩斯嘉年華★

9
- 9月17日…雪梨跑步節★

10
- 10月2日…英女皇壽辰（昆士蘭省）
- 10月22日…大堡礁馬拉松★

11
- 11月7日…墨爾本盃★

12
- 12月25日…聖誕節
- 12月26日…節禮日
- 12月31日…除夕夜（※凱恩斯會於海濱道施放煙火）

★標有星號的的節日、活動每一年皆為不同日期。若是沒有特別標註則為2017年的日期。
※澳洲的學校一年會有四次假期。這段期間澳洲國內的交通和飯店等都會出現較多人潮。昆士蘭省2017年度的學校休假日期為4月3日～4月17日、6月26日～7月7日、9月18日～10月2日、12月11日～1月19日。

氣候與服裝建議

乾季 5～11月　乾燥舒爽的氣候。多為晴天，是凱恩斯＆大堡礁的最佳旅遊季節。早晚溫差較大。

雨季 12～4月　特別是1～3月的降雨量最大。比澳洲南部的降雨量少一些。服裝以夏天衣著為主，可多帶一件外套在冷氣房穿。

平均氣溫及降雨量

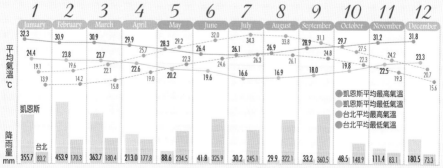

	1 January	2 February	3 March	4 April	5 May	6 June	7 July	8 August	9 September	10 October	11 November	12 December
平均氣溫 ℃	32.3	30.9	30.9	29.9	28.3	29.2		33.8	28.9	29.7	31.2	31.8
	24.4	23.8	23.7	25.7		26.4	34.3	26.9	31.1	27.5	24.2	23.3
	19.1	19.6	22.1	22.6	22.3	24.6	26.1	26.3	24.8	19.8	22.5	20.7
	13.9	14.2	15.8	19.0	20.2	19.6	16.6	16.9	18.0	22.8	19.3	15.6

凱恩斯平均最高氣溫
凱恩斯平均最低氣溫
台北平均最高氣溫
台北平均最低氣溫

降雨量 mm												
凱恩斯	355.7	453.9	363.7	213.0	88.6	41.8	30.2	29.9	33.2	48.5	111.4	180.5
台北	83.2	170.3	180.4	177.8	234.5	325.9	245.1	322.1	360.5	148.9	83.1	73.3

※各城市的平均氣溫是根據交通部中央氣象局的統計資料

Cairns

凱恩斯

✦INDEX

區域導覽…P10
來凱恩斯最想玩！
　市區漫步…P12
　澳洲美食…P14
　購物天堂…P16
　自然SPA…P18
　澳洲動物…P20
　查普凱原住民
　文化公園…P22
　戶外活動…P24
　度假村住宿…P26
還有好多遊逛行程
　庫蘭達…P28
　綠島…P32
　海邊兜風…P36
　亞瑟頓高原…P38
市區逛逛小建議與市區交通…P40
美食…P49
購物…P52
飯店…P59
戶外活動＆主題公園…P61
專欄
　在凱恩斯徜徉藝術世界！…P63
表演秀＆現場演奏…P64
酒吧＆夜店…P65
Spa…P66

潟湖游泳池（→P12）和海邊的漫步道是凱恩斯市民的城市綠洲，眺望美麗海景，感受度假氣息

凱恩斯
區域導覽
Area Navi

位於東海岸北邊的凱恩斯，是充滿南國風情的悠閒度假地。
也是前往大堡礁、熱帶雨林高原、周邊度假海灘的主要通道。

購物區
凱恩斯 ★
★ 道格拉斯港　庫蘭達
★ 棕櫚灣
海濱區　　　　　自然生態區
★ 綠島
戶外活動區

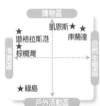

→P9 *Cairns*

凱恩斯 [MAP] P123 ①

充滿熱帶風情的城鎮，Cairns City Bus Station巴士站為中心。長滿棕櫚樹的岸邊則是海濱道。凱恩斯市區不大，步行即可遊逛全區。

CHECK!
- 潟湖游泳池（→P12）
- 海景餐廳（→P14）

Access>>> 凱恩斯國際機場車程約15分

本區的建議玩法
海濱道旁的公園和潟湖游泳池都是熱門的休閒景點。在海邊散步，或是到景觀咖啡廳、景觀餐廳用餐欣賞海景，都非常享受。

被山海包圍的度假小鎮

▶ 凱恩斯的4個主要區域 ◀

凱恩斯市中心 [MAP] P124-B1 地圖 正面-B1
Cairns City Bus Station的周邊。希爾德斯街有一段為行人徒步區。凱恩斯國際機場車程約15分

海濱道 Esplanade [MAP] P125-C1 地圖 正面-C1
熱鬧的海岸邊。希爾德斯街的T字路口區域被稱為主廣場Main Plaza。Cairns City Bus Station步行4分

內灣周邊 Around the Harbour [MAP] P125-D3 地圖 正面-D3
前往大堡礁等遊船停靠的凱恩斯大堡礁遊艇碼頭周邊區域。Cairns City Bus Station步行8分

凱恩斯站 Cairns Station [MAP] P124-A2 地圖 正面-A2
長程火車及庫蘭達觀光火車在此處停靠。與凱恩斯中央購物中心設有連通道（→P52）。Cairns City Bus Station步行9分

→P28 *Kuranda*

庫蘭達 [MAP] P122-A2 ②

位於凱恩斯西北邊約25km處。是前往亞瑟頓高原的主要通道。販售工藝品的市集充滿趣味。還有可以近距離接觸無尾熊的動物園。

CHECK!
- 庫蘭達觀光火車與熱帶雨林纜車（→P28）
- 庫蘭達村莊（→P30）

Access>>> 從凱恩斯站到庫蘭達可搭乘觀光鐵路1小時55分。凱恩斯開車前往卡拉沃尼卡站車程15分，轉乘熱帶雨林纜車45分

本區的建議玩法
乘坐擁有百年以上歷史的復古觀光火車前往庫蘭達。可以欣賞車窗外風光明媚的自然美景。回程搭乘熱帶雨林纜車便能欣賞到截然不同的風光。

環原被繞始世的界雨遺林產村莊

➡P74 *Port Doug...*

道格
拉斯港 ⑤
MAP P122-A2

位於凱恩斯北邊約70km處的半島上。鋪滿白砂的海灘旁，是一整排的高級飯店與別墅。位於半島前側的市中心有許多優雅時尚的咖啡廳及商店。

全世界數一數二的熱門度假勝地

CHECK!
●馬卡松街（→P74）
●四哩海灘（→P75）

Access>>>於凱恩斯搭乘民營巴士約1小時20分。或是開車前往車程約1小時

本區的建議玩法
約6km長的四哩海灘和市區主要街道馬卡松街是最熱門的景點。美食、美體沙龍、購物、高爾夫等度假樂趣皆匯集於此。

➡P70 *Palm Cove*

棕櫚灣 ④
MAP P122-B2

位於凱恩斯北邊約30km處的度假勝地。岸邊設有很多飯店及餐廳，從世界各國前來造訪的遊客絡繹不絕，非常熱鬧。還有許多提供頂級護理療程的SPA。

可以當天來回的度假海灘

CHECK!
●Palm Cove Shopping Village（→P71）
●阿拉曼達棕櫚灣蘭斯摩爾酒店（→P72）

Access>>>於凱恩斯乘坐110路綠巴士車程約1小時。或開車前往車程25分

本區的建議玩法
先來到美麗海灘和成排棕櫚樹的威廉斯濱海大道漫步。再到充滿度假氛圍的餐廳及SPA享受美好奢華的時光。

↑往戴恩樹國家公園、苦難角

P37 野生動物棲息地 Craiglie
P37 哈特利鱷魚探險之旅

⑤ 道格拉斯港 Port Douglas P74

三一灣 *Trinity Bay*

麥克馬斯珊瑚礁 P97 **Michaelmas Cay**

大堡礁 *Great Barrier Reef*

埃利斯海灘 *Ellis Beach*

馬林海岸 *The Marlin Coast*

大堡礁海道 **Great Barrier Reef Dr.**

④ 棕櫚灣 Palm Cove P70

Double Is.

巴倫河 *Barron Riv.*

Rainy Mt. 753▲

卡拉沃尼卡站 Caravonica Terminal

馬錢斯海灘 Machan's Beach

其瓦拉海灘 *Kewarra Beach*

庫蘭達 ② Kuranda P28
P31 熱帶雨林自然公園
庫蘭達站 Kuranda Terminal
P28 熱帶雨林纜車 Skyrail
P22、62 查普凱原住民文化公園

Great Dividing Range

Mt.Williams 1009▲

P28 庫蘭達觀光火車 Kuranda Scenic Railway

清水火車站 Fresh-Water Connection

馬里巴 *MAREEBA*

Kennedy Hwy.

Davies Creek National Park

莫里斯湖 *Lake Morris* Clohsy River

↓往帕羅尼拉公園、維旺龍國家公園↓

P62 凱恩斯植物園

綠島 ③ Green Is. P32
Cape Grafton

False Cape

Mt.Yarrabah 630▲

King Beach

凱恩斯 ① Cairns P9
凱恩斯站 Cairns
819▲ Mt. Gorton

費茲羅伊島 Fitzroy Is. P98

Grey Peaks National Park

↓凱恩斯國際機場

Edmonton

N

0   10km

本區的建議玩法
一定要體驗看看浮潛、海底漫步等海上活動。還有空中遊覽觀光行程等豐富選擇

距離凱恩斯最近的大堡礁

➡P32 *Green Island* ③

綠島
MAP P122-B2

從凱恩斯坐高速船約50分鐘可以抵達的珊瑚礁島。船會在島的西邊停靠，島的東邊是熱帶雨林，北邊則為度假海灘。步行遊島一圈約40分鐘左右。

CHECK!
●綠島度假村（→P32）
●海上活動（→P34）

Access>>>於凱恩斯大堡礁遊艇碼頭搭乘高速雙體船大冒險號約50分

PLAN 01

盡享澳洲風情♪

凱恩斯市區漫步

約3km的海濱道是凱恩斯
最具代表性的一區。
不管是悠閒地坐在咖啡廳
還是漫步遊逛，
盡情地享受美好假期吧。

1.在海邊烤肉的當
地學生　2.木棧道
3.街上的自行車出
租店

凱恩斯市區的散步教學

1 以兩大地標來認路
潟湖游泳池位於海邊，凱恩斯中央
購物中心則靠近車站，以此分辨方
向。市區的街道為棋盤式，簡單易
懂。

2 熱鬧繁華的區域
岸邊的海濱道及艾博街，餐廳及商
店都集中於此。

3 前往近郊的交通方式
可於Cairns City Bus Station搭乘
開往郊區海灘的巴士。若要搭乘計
程車，可於計程車搭乘處上車或預
約叫車。

海濱道

A Lagoon Pool　MAP P125-C2

潟湖游泳池

在樹蔭下
乘涼的當地人

在蔚藍海景前游泳戲水

位於海濱道上的免費戶外游泳
池。水深80cm～1.5m，大人小孩
都能同享戲水樂趣。有救生員駐
守，可以安心玩水。

data　區Cairns City Bus Station步
行5分　住The Esplanade
☎(07)4044-3746　時7～21時(10
～3月為6～22時)，週三為12時～
休無休　金免費入場

別忘了
帶野餐
墊前往

澳洲風情♪
游泳池旁是整片的
沙灘和草地，躺下來做個日光浴
曬出小麥色的肌膚吧。

♥check

淋浴設施
戶外的簡便淋浴亭、洗手
間皆提供溫水淋浴，可免
費使用

寄物櫃
洗手間旁設有密碼式寄物
櫃，1小時為A$2～

小攤販
泳池旁設有小攤販，販售
海灘用品、輕食及伴手禮
等。

讓人印象深刻的熱帶魚裝置藝術

B The Esplanade MAP P125-C1　海濱道

海濱道

熱帶植物茂密繁盛的沿海步道

海邊沿岸的繁華大街上有一整排的露天餐廳和咖啡廳，可以一邊享受舒爽的海風一邊品嘗美食。

另設有自行車道

有許多咖啡廳從早上就開始營業

澳洲風情♪
海濱道上的公園是絕佳散步景點。散步後可以來到咖啡廳享用美味早餐。

熱鬧的海濱道充滿著前來遊玩的觀光客

Muddy's Playground
穆迪遊樂場
設有豐富多樣的兒童遊樂器材，還有戲水區，建議攜帶泳裝前往。

C Boardwalk MAP P125-C1　海濱道

木棧道

享盡三一灣的美好景致

設有觀察野鳥望遠鏡及長凳

設於海岸邊的木板步道。可以欣賞到停在內灣的小船和遊艇，也可以觀察野鳥生態，享受片刻悠閒。

內灣周邊也設有木棧道

聚集於潟湖的罕見海鳥們

澳洲風情♪
於早晨和傍晚時分來到海邊漫步才是澳洲STYLE，也有許多當地人來到海邊慢跑。

BBQ
BBQ烤肉
岸邊空地上有提供免費的BBQ烤肉場地。

地圖

- Minnie St.
- 蒙嘉馬丁公園
- McLeod St.
- Florence St.
- 整天都熱鬧非凡
- Sheridan St.
- Gratton St.
- Lake St.
- Aplin St.
- 大型購物中心
- 凱恩斯中央購物中心
- Cairns City Bus Station 就在這裡
- Shields St.
- 凱恩斯站 CAIRNS STN.
- Rusty's Markets 果菜市場
- Spence St.
- B 海濱道
- C 木棧道（人行步道）
- 圖書館
- Abbott St.
- Esplanade
- 夜市
- 凱恩斯內灣 Cairns Harbour
- A 潟湖游泳池
- 凱恩斯普格里拉大酒店
- D F
- 凱恩斯與大堡礁遊艇碼頭
- 凱恩斯大堡礁遊艇碼頭 Reef Fleet Terminal
- 馬林碼頭 Marlin Jetty

Cairns Scooter & Bicycle Hire
提供自行車租借。自行車租半天為A$20〜。（→P48）

D Cairns Regional Art Gallery MAP P125-C2

凱恩斯地區美術館

收藏眾多當地藝術家的作品

展出作品以凱恩斯及北昆士蘭的藝術家為主。館內有原住民藝術常設展，參觀約需40分鐘。館內的「藝廊商店」有販售藝術家作品及美術館周邊商品等。

於1936年建造而成，充滿歷史氣息

data →P63

稍作歇息SPOT

F Coast Roast Coffee MAP P125-C2　海濱道

邊眺望泳池和海景邊享用美味早餐

位於潟湖游泳池旁的咖啡廳，一早就開始提供分量十足且選擇多樣的豐富早餐。

data ⊠Cairns City Bus Station步行4分
⊞Cnr. Shieds St. & Esplanade
☎無　⊞6時30分〜21時（週五、六為〜23時）
休無休
三明治A$9.95有10種口味

G Perrotta's at the Gallery MAP P125-C2　凱恩斯市中心

在當地很受喜愛的義大利菜

凱恩斯地區美術館館內的餐廳兼咖啡廳。為開放式露天座位，正對希爾德斯街。

從早到晚皆有營業，除了喝杯咖啡，也可以品嘗到正統義大利餐點。

設有屋頂，下雨也不用擔心

data →P51

Tourism Tropical North Queensland MAP P125-C2　海濱道

凱恩斯與大堡礁旅遊局

當地的觀光服務處，提供凱恩斯及道格拉斯港等近郊景點與大堡礁的觀光資訊。

data ⊠Cairns City Bus Station步行5分
⊞51 Esplande　☎(07)4051-3588
⊞8時30分〜18時（週六、日為10時〜）　休無休

※每週六的8〜17時於潟湖游泳池前會舉辦海濱道市集，有約20間的手工藝品、生活雜貨等商店前來設攤。如遇雨天則取消。

來到海邊的貴賓席

以澳洲美食來迎接美好心情♡

要想欣賞充滿凱恩斯風情的海岸美景，請前往位於內灣的餐廳，
在觀景貴賓席盡情享用澳洲美食。

店員推薦！
提供以開放式廚房
現做的美味菜色。
充滿度假氛圍，魅
力十足。

推薦MENU
❖峇里島風味
　印尼炒飯 …… A$24
❖辣味烤雞漢堡 … A$22

2

灣區周邊　無國籍菜色
MAP P125-C4
Mondo Café Bar & Grill

海邊的景觀餐廳

位於可以近距離觀賞海景的絕佳地點。由來
自斯里蘭卡的主廚親自烹調，融合亞洲、墨
西哥菜特色的創作菜色廣受好評。
預算　午餐、晚餐皆為A$20～
data ➡P65
1.面向內灣的露天座位　2.Mondo BBQA$28.50（前
方）、墨西哥法士達A$24.50（後方）

內灣周邊　海鮮菜色
MAP P125-D2
Tha Fish

提供最新鮮的
海鮮菜色

使用當地捕獲的新鮮海產，提
供美味的菜色。於2011年獲選
為昆士蘭省最佳海鮮餐廳。
預算　午餐A$20～、晚餐A$30～
data 図Cairns City Bus Station步
行10分　位於The Pier at the
Marina內（→P53）　☎(07)4041-
5350　圖11時30分～15時、17時
30分～深夜　休無休

內灣周邊　現代澳洲菜
MAP P125-D2
Salt House

峇里島風的露天餐廳

可以欣賞到碼頭風光的戶外餐廳。
提供融合義大利與法國特色的創意
菜色。酒吧區很受到當地年輕人喜
愛。
預算　午餐A$22～、晚餐A$50～
data ➡P49

推薦MENU
❖碳烤牛排 ……… A$38～
❖生蠔 …………… A$20～

位於遊艇俱樂部旁的Salt House

1.提供豐富海鮮菜色為當地
年輕人喜愛的聚會場所　2.
夜晚上化身為當地年輕人喜愛的聚會場所

2

店員推薦！
每天會有固定的
DJ表演及現場演
出。若是喜歡在安
靜的環境用餐，可
於午餐時段前往。

推薦MENU
❖綜合海鮮盤 ……… A$65
❖清蒸大泥蟹 …… A$100～110（時價）

店員推薦！
泥蟹和小龍蝦都是
現撈的活海鮮，新
鮮度超群。

雙手抓起泥蟹
和小龍蝦的主
廚Chris

晚間全餐A\$60的主菜「碳烤鴨肉佐莓果醬」

可以欣賞到有遊艇停靠的內灣風景

內灣周邊 海鮮

MAP P125-D2

M Yogo

在當地引起話題的現代法國菜

主廚余語親自展現手藝，使用澳洲當地精選食材製作的創意法國菜深受當地好評。

預算 午餐A\$16.90～、晚餐A\$40～

data ➡P49

1.晚間全餐的前菜「油封塔斯馬尼亞鮭魚」
2.作為全餐收尾的甜點會每日更換

店員推薦！
下午茶有提供栗子蒙布朗等10種以上的蛋糕A\$3.20～及飲品A\$4～。

推薦MENU
❖ 龍蝦全餐（半尾）‧‧‧‧‧‧‧‧‧‧ A\$99～
❖ 嫩煎海鮮佐美式龍蝦醬‧‧‧‧‧ A\$39.50

店員推薦！
將傳統食材以現代風格重新詮釋，十分美味。開業至今25年的老字號餐廳，充滿魅力。

內灣周邊 現代澳洲菜

MAP P125-D3

Dundee's on the Waterfront

在老字號餐廳享用 傳統澳洲美食

提供袋鼠、澳洲鴕鳥、鱷魚等澳洲原住民的肉類食物，也有豐富的海鮮餐點。

預算 午餐A\$14.95～、晚餐A\$40～

data ➡Cairns City Bus Station步行10分
凱恩斯哈伯萊茨酒店（→P60）內
(07)4051-0399 9時30分～深夜（午餐為11時30分～17時、晚餐為17時30分～）
無休

1.可以眺望內灣後方的群山，擁有絕佳景觀
2.4種肉類、海鮮的澳洲經典組合A\$40

推薦MENU
❖ 綜合海鮮拼盤‧‧‧‧‧‧‧‧‧‧‧‧‧ 時價
❖ 澳洲產牛排‧‧‧‧‧‧‧‧‧‧‧‧‧ A\$28～

活潑開朗的
老闆Belinda

店員推薦！
使用超大塊100%澳洲牛的家常漢堡A\$16.90，超受歡迎。

推薦MENU
❖ 香蕉鬆餅‧‧‧‧‧‧‧‧‧‧‧ A\$16.50
❖ 經典班尼迪克蛋‧‧‧‧‧ A\$18.50

內灣周邊 咖啡廳

MAP P125-D3

Al Porto Cafe

海港景色一覽無遺的義式咖啡廳

提供分量十足的義大利麵、燉飯，以及最適合中午時想要大飽口福的香煎漢堡。還有鬆餅與馬芬蛋糕等，選擇豐富多樣。

預算 午餐A\$6.90～ data ➡P50

1.乘船處前的紅色遮陽傘非常好認
2.放滿鮮奶油的奶油樂園鬆餅A\$15

澳洲食材圖鑑

介紹牛肉、海鮮等在澳洲才吃得到的傳統食材！

【澳洲牛】

分為草飼及穀飼兩種，穀飼牛的肉質柔軟多汁。

【袋鼠】

比起牛肉脂肪較少，肉質為紅肉。於一般超市皆可購得。

【澳洲鴕鳥】

富含蛋白質、低卡路里的紅肉。一般會切碎成絞肉來食用。

【鱷魚】

味道清淡的白肉，味道和口感與雞胸肉相似。

【泥蟹】

泥蟹有著大螯爪，沒有土味，可以水煮後直接品嘗。

【龍蝦】

一般而言，小龍蝦（伊勢蝦的一種）較大龍蝦普遍。

【尖吻鱸】

活動於凱恩斯附近的河口附近，魚肉為白肉。近年來多為養殖。

必買清單♥澳洲品牌

前往購物天堂！

在台灣也擁有高人氣的時尚品牌及天然美妝等，全都是必買商品！到品牌產地澳洲來把他們帶回家吧！

時尚單品

←超人氣的拉菲草帽A$220，可以折疊，攜帶方便 Ⓐ

↑Chick Pea的可愛配色很受歡迎。A$19.95（M）A$14.95（S）Ⓐ

↓郵差包A$155 Ⓐ

Helen Kaminski
起源於雪梨的國際知名品牌。以拉菲草製作的帽子及編織包擁有超高人氣。

↑拉菲草編織包Davolia（S）A$375。把手部分為皮革製 Ⓐ

←↓種類豐富的環保袋 為 經典 尺寸（42cm×50cm）A$11.50 五個一組為A$45.95（下）Ⓐ

Crumpler
郵差包與相機包專賣店。台灣目前沒有代理，記得前往逛逛哦。

折疊後

UGG
由羊毛靴的先驅Pacific Sheepskin公司所推出的品牌。

↓ 澳洲品牌Sunseeker的泳裝 A$179.90。上半身和下半身可以自由搭配 Ⓒ

←從短靴到長靴種類豐富，圖中的雙鈕釦雪靴為A$195 Ⓑ

Envirosax
起源於黃金海岸近郊的環保袋品牌。深受好萊塢明星喜愛。

美妝品

Murchison-Hume
使用100%植物原料的家庭清潔用品品牌。高雅的包裝充滿魅力。

→衣物除臭劑 garment groom A$14.95（500ml）。具有抗菌、除臭的效果 Ⓐ

↓身體保養用天然椰子油（左）A$21.50。100%純椰子油（右）可用於烹調食物A$19 Ⓓ

←嬰兒用護膚乳霜 A$29.95。使用有機原料讓人安心 Ⓓ

Jurlique
茉莉蔻
澳洲的代表性高級保養品牌。在台灣也擁有許多愛用者。

←具保濕效果的卸妝乳A$45，帶有玫瑰花香 Ⓐ

→MOR的護手霜 A$12.95，以荔枝香味最受歡迎 Ⓐ

Mor
起源於墨爾本的天然保養品牌。可愛的包裝與優質的產品深受歡迎。

↑充滿甜味的馬卡龍護唇膏各A$9.95 Ⓐ

→以錫鐵薄片製作的擺飾各A$25 Ⓕ

雜貨&美食

←手工編織的袋鼠玩偶A$27.50。高15cm×寬11cm Ⓓ

→無尾熊、袋鼠、鱷魚的木製手工藝品各A$8.95 Ⓔ

←澳洲品牌「NERADA」的復古鐵罐紅茶葉A$7.95 Ⓐ

→使用凱恩斯產香草製作的有機香草糖漿A$20.50。適合搭配鬆餅或優格享用 Ⓓ

↑澳洲原住民用於打獵的回力鏢A$24.95（45cm）Ⓕ

這裡買得到！

Ⓐ Fujii Store →P55

Ⓑ Australian Leather Company →P53

Ⓒ Splish Splash →P52

Ⓓ Pouch →P55

Ⓔ Australian Geographic →P52

Ⓕ Gallery Shop →P63

凱恩斯中央購物中心
Cairns Central MAP P124-A2 →P52

澳洲品牌大匯集
共有180家商店入駐，為凱恩斯棉樟最大的購物商場。商場門設有百貨公司及超市。

● Myer→P52
● Smiggle→P52
● Coles→P57

● 上列 ⒸⒺ

商場為中間挑空的2層樓建築

在極致奢華的空間徹底放鬆

讓人身心療癒的自然SPA

旅行途中感到疲憊時，就走進街上的SPA放鬆紓壓。
還有別錯過了使用大量自然原料製成的保養品！

使用的保養品是這個！
使用英國頂級SPA品牌ELEMIS的產品。身體精油A$68

位於海邊的
南國海島風SPA

海濱道
MAP P123-B3

Spa by the Sea

提供足部、身體、臉部等豐富多樣的保養療程。窗外一覽無遺的凱恩斯灣景色撫慰人心。

data
Cairns City Bus Station步行10分 凱恩斯里吉斯貿易風風店(→P59)2F (07)4053-0318
10～18時(週五～17時) 週日

MENU

臉部&身體極致感官療程
Face and Body Sensation
55分/A$145
包含30分鐘的身體療程及25分鐘的臉部療程。使用溫感精油與熱石。

椰子磨砂精華去角質&牛奶浴裹身嫩白滋潤 搭配法式維琪浴
Exotic Coconut Rub and Milk Ritual Wrap with vichy shower
60分/A$155
使用頂級椰子磨砂精華去角質，透過臉部及頭皮按摩舒緩壓力。

歡迎來這裡嘗試看看各種不同的療程，消除旅行的疲累。
Liz

1.也有可供情侶或夫妻使用的包廂
2.療程結束後可在休息室悠閒放鬆

內灣周邊
MAP P125-C3

Vie Spa

設有10間SPA療房，在凱恩斯地區為規模最大。在高雅的環境中，提供使用天然成分產品的精緻身體療程而廣受好評。

data
Cairns City Bus Station步行10分 凱恩斯國際鉑爾曼大酒店(→P27)內2F (07)4050-2124
9～19時(週日、假日為10～18時) 無休

使用的保養品是這個！
使用含有頂級天然原料的Pevonia及ikou品牌的產品。

使用精油舒緩按摩

MENU

精油芳療
Essential Aroma
50分/A$120
依據個人膚質狀況挑選適合的精油，透過獨特的手技讓肌膚恢復最健康的狀態。

極樂天堂舒壓療程
Heavenly Therapy
120分/A$265
包含全身去角質、全身舒壓按摩、臉部、足部護理的奢華舒緩療程。

在優雅的SPA
度過幸福的片刻時光

全系列保養產品皆可於館內購得，推薦您帶回家使用。
Michelle

位於飯店2F

休息室

需預約

歡迎體驗來自日本的
紓壓療程

內灣周邊

MAP P125-C4

Aiga

店內的芳療美體師皆為日本人，以獨有的經絡按摩技法提供極致享受的美體保養療程。

data
🚌Cairns City Bus Station步行10分　🏨凱恩斯希爾頓酒店（→P27）內　📞(07) 4041-1090　🕐10～21時（最晚預約時間為20時，完全預約制）　🏠週日

MENU

● 🌿 經絡紓壓按摩
Keiraku-hand Relax
60分／A$160
以獨有的手技順著身體的經絡按摩，放鬆緊張的神經並紓解疲勞。

● 🌿 神秘臉部保養療程
Shimpi Facial
60分／A$180
能有效改善膚質並解除疲勞的臉部保養療程，施術後臉部肌膚煥然一新。

舒適的環境讓人放鬆

使用的保養品是這個！

使用同集團的天然保養品 Unmelan Cosmetics，讓肌膚維持水嫩彈潤。

設有盥洗間可供梳洗

SPA小知識 Check!

●需要預約嗎？
凱恩斯的SPA館房間大多偏少，建議可以提早透過電話或網路預約。

●要帶什麼東西？
SPA館都會備有毛巾等用品，基本上可以空手前往。也可以攜帶化妝包於療程後補妝。

●當天的流程是？
接受專業諮詢之後便可以開始療程。療程結束後可於休息室小歇片刻。

●要給小費嗎？
不用給小費。於櫃臺結帳後說聲「Thank you.」表達謝意即可。

全房型皆為個人包廂，設有淋浴間

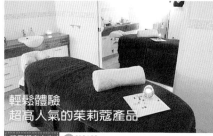

輕鬆體驗
超高人氣的茱莉蔻產品

凱恩斯市中心　**MAP** P124-B2

Refresh City Day Spa

使用茱莉蔻的保養品，提供包含臉部保養等豐富療程。高濃度氧導入美肌療程30分鐘A$80～，大受好評。

data
➡P66

MENU

● 🌿 手足煥采護理
Hands & Feet Revitaliser
45分／A$65
以茱莉蔻的潤膚乳給予滋潤並按摩，促進手腳的血液循環。

● 🌿 頂級奢華臉部護理
Deluxe Facial
75分／A$130

使用的保養品是這個！

澳洲當地品牌茱莉蔻

釋放身體最底層的壓力，讓身心靈徹底放鬆

凱恩斯市中心

MAP P125-C2

Boon Boon Beauty Center

於2015年11月開幕。設有蔬果面膜機等最新美容機型。另有美髮及美甲沙龍。

data
🚌Cairns City Bus Station步行4分　🏨32 Abbott St.
📞0432-079-029
🕐8時30分～20時30分（每日視狀況而異）　🏠無休

MENU

● 🌿 足部護理療程
Pedicure Spa
40分A$40
使用具有16種不同按摩功能的足部美甲椅，來進行足部皮膚及指甲、指甲周邊護理，並添加維他命E來使足部肌膚柔嫩光滑。緩解足部腫脹及疲勞。

● 🌿 全身護理
Full Body
70分A$70
以熱石來進行全身紓壓按摩。

使用SKII等品牌產品
Nina

寬敞的美容室

以最新的機型來舒緩旅途的疲勞

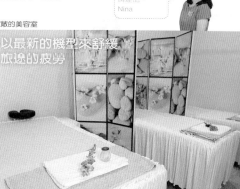

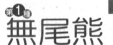

第1種
無尾熊

這裡看得到！
A B C D E

整個地球上，無尾熊僅生長於澳洲東部。公的無尾熊約80cm長，母的約為70cm長。活動範圍越靠南邊的無尾熊體型越大，體毛也較長。最喜歡尤加利葉。

手指
5根手指上都有尖銳爪子，其中2根為拇指，爬樹很方便，適合樹上的生活。

欸呀♪ 最喜歡爬到樹上了！

好睏哦…

↑為了節省體力，每天有20小時都在睡覺

體毛
全身長滿毛茸茸的細捲毛。可以耐熱抗寒，還具有防水效果。

來凱恩斯最想玩！
PLAN **05**

超級可愛的動作
讓人融化~

來**抱抱看無尾熊**吧

來這裡體驗！
A B C D E

Step1
用米托住無尾熊屁股的左手放在你的腰部位置，右手則是伸出來準備抱著無尾熊。

Step2

工作人員會將無尾熊放上你的左手，並把無尾熊的手臂掛在你的右手上。

Step3

抱住無尾熊後，不要忘了朝鏡頭笑一個。要好好抱緊喔。

無尾熊是非常溫馴的動物！

最喜歡 的澳洲動物

前5名

有很多稀有的動物僅生長於澳洲。
來會一會在自然環境中悠然成長的動物們吧！

第2種
袋鼠

這裡看得到！
B C D E

棲息於澳洲各地，時常可以遇見野生袋鼠。體型從高30cm到1.5m的都有。使用發達的後腿跳躍前進。

育兒袋
母袋鼠的腹部都有一個育兒袋。小袋鼠在尚未發育完成時就被生下來，出生後的7~18個月會在育兒袋中生長茁壯。

我的尾巴強勁有力，就像我的第三隻腳一~

↑快編我吧

鏡頭在這邊嗎？

↑最喜歡吃葡萄、蘋果等水果

→緊緊抓住握有飼料的手不放開

尾巴
粗大的尾巴能在跳躍時取得平衡，飛踢時支撐身體重量。

肚子餓的時候會全部聚集過來

來餵餵看袋鼠吧
來這裡體驗！
A C D E F

Step1
購買動物園販售的袋鼠飼料。請勿用袋鼠飼料餵食其他動物。

Step2
取一大把飼料放在手上，慢慢的將手伸向袋鼠面前。

Step3
袋鼠不會突然飛撲過來，所以不用緊張。用手輔助進食的樣子非常可愛。

第3種 袋熊

這裡看得到！
C D

大鼻子和圓溜溜的大眼可愛極了

生長於澳洲東南部及塔斯馬尼亞省的草食動物。屬夜行性，白天多棲息於地洞中。早晨和傍晚會出來活動，可以一窺廬山真面目。

←白天幾乎都在睡覺

晚安

找找嗎？

鼻子
袋熊的名字在澳洲原住民語中代表「扁平鼻」的意思，正如其名，鼻子是袋熊的一大特徵。

第4種 鱷魚

這裡看得到！
A B C D E

除了生活在海水、淡水中的鱷魚，澳洲北邊還有一種生活於海濱的灣鱷，性情凶猛，最大可以長到7m左右。

啊～ ←是在打呵欠嗎!?

↑表演秀中可以觀賞到鱷魚充滿生命力的樣貌 
我要開動了！

牙齒
擁有力道強勁的下巴和牙齒，捕獲到獵物後絕不鬆口，並一口氣拖入水中。

雞冠
棕色的雞冠為堅硬骨骨，在森林裡活動時可以保護頭部。

不要怕看看找嘛～

呃，我不會飛……

第5種 鶴鴕

這裡看得到！
B C E

棲息於澳洲東北部的熱帶雨林中。是世界上第三大的鳥類，不會飛。到處吃果實，經消化後排出讓果實種子落地生長，有助於維持森林生態平衡。

➡因生性兇暴飼養於柵欄內

不要嚇找哦

找很時髦吧

↑體毛為全黑，脖子以上的頭部色彩鮮豔

可觀賞地區一覽表

內灣周邊

A Cairns Wildlife Dome

MAP P125-C3

園區規模	★
動物種類	★
接觸距離	★★
交通方便	★★★

位於飯店頂樓的動物園。可以穿戴安全配備，坐上大受歡迎的室內極限滑索道Zoom在動物園內穿梭。

data ⊠Cairns City Bus Station步行8分 【H】礁灘鉑爾曼酒店購場(→P27)內 ☎(07)4031-7250 營9～20時 休無休 費A$24(含與無尾熊拍照A$40) 門票+Zoom A$40

道格拉斯港

B 野生動物棲息地
Wildlife Habitat

MAP P127-A4　　　　P37

園區規模	★★
動物種類	★★★
接觸距離	★★
交通方便	★

庫蘭達

C 熱帶雨林自然公園
Rainforestation Nature Park

MAP P122-B2　　　　P31

園區規模	★★★
動物種類	★★
接觸距離	★★
交通方便	★

庫蘭達

D 庫蘭達無尾熊園
Kuranda Koara Gardens

MAP P30　　　　P31

園區規模	★
動物種類	★
接觸距離	★★★
交通方便	★★

凱恩斯郊外

E 哈特利鱷魚探險之旅
Hartley's Crocodile Adventures

MAP P122-A2　　　　P37

園區規模	★★★
動物種類	★★
接觸距離	★★
交通方便	★

認識澳洲原住民的歷史與文化

前往查普凱原住民文化公園！

4萬年前就居住在澳洲大陸的澳洲原住民。來體驗一下他們的傳統文化以及觀賞魄力十足的表演吧。

1 START

抵達公園
首先來購買門票

於售票口索取記載了地圖及表演節目時間的園內資訊。

售票口 ▶ MAP A

CHECK!
查普凱族原住民是主要分布於凱恩斯及庫蘭達地區的澳洲原住民。

2 體驗 所需15分

畫上臉部彩繪融入原住民文化！

可以免費體驗澳洲原住民傳統文化中的臉部彩繪，畫上彩繪之後好像更加深刻體驗到原住民文化了。

文化中心 ▶ MAP B

3 觀賞 所需15分

認識澳洲原住民的藝術世界

藝術也是澳洲原住民傳承文化中很重要的一環。Art of My People當中會介紹各個地區的不同特色。鶴鴕巨蛋劇院 ▶ MAP D

4 觀賞 所需20分

瞭解創世造物的神話故事

以舞蹈和奇幻的影片揭開序幕，介紹流傳於查普凱族中關於創世造物的神話故事，還可以欣賞到凱恩斯的自然風光。

創世劇場 ▶ MAP C

5 觀賞 所需40分

欣賞查普凱族＆托雷斯海峽群島的舞蹈

在打擊樂器和迪吉里杜管的伴奏下起舞的傳統舞蹈精彩萬分，千萬不要錯過。介紹打獵、生火等表演也十分有趣！歌舞劇場 ▶ MAP E

史密斯菲爾德

Tjapkai Aboriginal Caltural Park MAP P122-B2

查普凱原住民文化公園

用身體來感受從遠古流傳至今的古老文化！

介紹澳洲原住民文化的主題公園。除了有舞蹈和傳統樂器的表演外，還能體驗投擲回力鏢等活動。餐廳推出的自助式美食也很受歡迎。園區景點全部逛完需要3～4小時。還有不要錯過了商店展出、販售的藝術作品！

data →詳情請參見P62
www.tjapukai.com

ACCESS

搭乘從凱恩斯市中心出發經過大堡礁海濱道（Great Barrier Reef Drive）的車前往，車程約15分。有提供接駁車（成人A\$25、兒童A\$15、家庭團體A\$65），需預約。

6 (體驗)
來體驗澳洲原住民文化吧！

CHECK!
迪吉里杜管是澳洲原住民的傳統民族樂器，以木頭製成。被譽為「世界上最古老的管樂器之一」。

澳洲原住民文化體驗

吹奏迪吉里杜管
（所需15分）(MAP) **D·F·G**

介紹迪吉里杜管的製作方式及複雜的演奏技巧。聽聽看奇幻的音色，還可以實際吹奏看看！

投擲回力鏢&矛
（各20分）(MAP) **I·H**

可以實際體驗投擲回力鏢與矛等澳洲原住民的打獵工具。回力鏢回到手上的那一刻既驚奇又感動！

CHECK!
將投擲目標設定在高處，把回力鏢向右傾斜投擲出去使其旋轉，就可以很漂亮地投擲出去。

叢林食物&藥草
（所需15分）(MAP) **J**

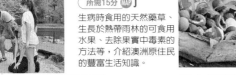

生病時食用的天然藥草、生長於熱帶雨林的可食用水果、去除果實中毒素的方法等，介紹澳洲原住民的豐富生活知識。

打獵&武器
（全程15分）(MAP) **F**

查普凱族是擅於打獵的民族。關於查普凱族生活中使用的打獵道具、武器、生存技巧、嚴格法規、戒律等有詳盡的介紹。

CHECK!
午餐可以前往餐廳（需預約）享用自助式美食。或是可以體驗到澳洲原住民飲食文化的Tasting Plate也十分推薦。

回力鏢彩繪創作
（全程30分）(MAP) **G**

在查普凱族老師的指導下，挑戰看看回力鏢的彩繪創作吧！可以將自己的作品帶回家做紀念哦。每位A\$25（兒童A\$15）。

7 (購物)
購買藝術家的作品當作伴手禮！

園內的商店有展示、販售回力鏢以及擁有獨特技巧的圖畫作品等，藝術家親手創作的藝術品都僅有一件。商店 ▶ (MAP) **L**

CHECK!
澳洲原住民藝術家的作品中皆包含了點彩畫、X光畫等獨特的技巧在當中。

還有超受歡迎的♪查普凱族歌舞秀&晚餐！

查普凱族晚間表演活動「查普凱族歌舞秀&晚餐」擁有超高人氣。建議可以選擇包含接駁車接送的套裝行程。查普凱族戰士的歡迎儀式、豪華的自助式美食、生火儀式等，可以體驗到和白天完全不同的澳洲原住民文化。（→P64）

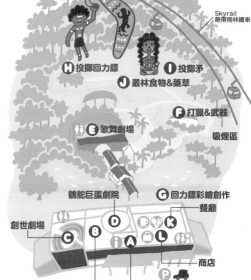

Skyrail 熱帶雨林纜車

(H) 投擲回力鏢　(I) 投擲矛
(J) 叢林食物&藥草
(F) 打獵&武器
吸煙區
(E) 歌舞劇場
鶴鴕巨蛋劇院
(G) 回力鏢彩繪創作
餐廳
創世劇場
(C) (B) (i) (A) (K) (L)
臉部彩繪　　售票口　　　商店
(P)

(i) 服務台　(洗) 洗手間　(商) 商店
(咖) 咖啡廳　(餐) 餐廳

參加自選行程輕鬆體驗

挑戰戶外活動！

凱恩斯最具魅力的一點就是其壯闊的大自然。從市區就能輕鬆前往參加的自選行程選擇豐富。在凱恩斯的穹蒼與大地暢遊戶外活動。

從河川上游順流而下，感受自然美景

來到河川平緩處跳下去游泳吧

Rafting 體驗全程 約1小時30分

泛舟

越過湍急的水流後比個勝利手勢吧

來到大自然體驗驚險刺激的泛舟

乘坐橡皮艇在世界遺產的熱帶雨林中順著溪流而下。會有經驗豐富的River Guide陪同，就算是初學者也能放心參加。經驗豐富的旅客推薦挑戰塔利河一日路線。

來這裡報名參加自選行程！
凱恩斯市中心
MYBUS DESK (JTB)
MAP P125-C3

data 🚌Cairns City Bus Station 步行5分 🏠Ground floor, 17 Spence Street, Cairns 📞(07) 4052-5872 🕘9～16時 休無休 🌐http://www.jtb.com.au/guide/tourdesk/ ※全行程皆可至凱恩斯當地直接報名參加。本書介紹的自選行程是2015年10月的內容。

TOUR DATA

巴倫河半天泛舟行程
▶出團日：每天出團 ▶時間：13時50分～18時
▶費用：A$133（※滿13歲以上方可參加）
▶最少成行人數：4位

ACTIVITY DATA
【驚險刺激度】…★★★
【體驗自然】…★★★
【難易度】…★★★

出發挑戰！

穿戴好體驗泛舟的裝備！

step 1
行前訓練
將救生衣和安全帽穿戴好，做好準備後，分成各艇接受行前訓練。

出發囉！

工作人員的建議
記得在衣服裡面穿著泳衣來戰，夾翻拖容易被水沖走，要穿前後都有固定的鞋子。

step 2
下水
坐上搬到河邊的橡皮艇，練習好如何划槳之後就可以出發啦！

不要忘記划槳！

嗚～！

step 4
平安歸來
結束約1小時30分鐘的泛舟體驗，回到終點。將橡皮艇搬回岸邊後，可以在湖畔的小木屋享受午茶時光。

step 3
越過急流
從河川順流而下會遇到岩石之間的急流！要聽從教練的指示，大家齊心合力突破重圍！

到終點後，大家一起將橡皮艇搬上岸

預備起！

在太陽升起之前開始準備熱氣球飛行

Hot Air Ballooning `體驗全程` 約30分
熱氣球

眺望壯闊的自然景觀來一場空中漫步

乘坐熱氣球來到半空中，感受早晨澄澈的空氣。在空中眺望從水平線升起的日出和在林野間奔跑跳躍的袋鼠等自然美景。度過留下深刻回憶的美好時光。

工作人員的建議

就算是夏天的清晨，氣溫也偏低，準備一件禦寒的衣物比較保險。

尋找袋鼠的蹤影！

TOUR DATA

Thunder Ballooning熱氣球

▶ **出團日**：每天出團　▶ **時間**：單趟飛行4～10時、Balloon Express 4時～8時30分
▶ **費用**：A\$235～（4～14歲為A\$160～）
▶ **最少成行人數**：2位

ACTIVITY DATA

【驚險刺激度】…★★　【體驗自然度】…★★★
【難易度】………★

從空中眺望到的景色好像另一個世界

活潑熱情的工作人員

暢遊大自然，遇見珍貴的野生動物

漫步於熱帶雨林中

Horse Riding `體驗全程` 約1小時30分
騎馬

坐在馬背上盡享凱恩斯的自然美景

騎著馬在熱帶雨林、湖畔、甘蔗田中悠閒漫步。在教練細心的指導下，初學者也能安心感受騎馬樂趣。行程結束後，可以享用美味的BBQ。

TOUR DATA	騎馬半天行程

▶ **出團日**：每天出團　▶ **時間**：8時45分～12時、10時45分～14時、12時45分～16時、14時45分～17時
▶ **費用**：A\$95～（4～14歲為A\$75～）
※全行程皆附輕食餐點　▶ **最少成行人數**：1位

ACTIVITY DATA

【驚險刺激度】…★
【體驗自然度】…★★★　【難易度】…★★

工作人員的建議

請穿著不怕髒汙的衣服及運動鞋前往！也不要忘了做好防曬及帽子

行前訓練結束後，會依照個人程度來選擇適合的馬匹

Hummer 4WD Safari `體驗全程` 約1小時30分
悍馬四輪傳動越野車之旅

乘坐大型軍用車享受暢快兜風

乘坐彪悍的悍馬四輪傳動越野車奔馳於叢林中的超人氣行程。開進叢林中凹凸不平的小道，穿越積水濺起滿地水花，來一趟叢林冒險。還有夜遊行程。

工作人員的建議

雖然有點狂野刺激，但請相信駕駛員的技術，盡情享受兜風樂趣！一定會成為人生難忘的體驗

喜愛悍馬車的旅客一定會愛上這個行程

哇～好刺激！

TOUR DATA

悍馬四輪傳動越野車半日冒險行

▶ **出團日**：每天出團　▶ **時間**：9～13時、13時30分～17時30分
（夜遊為18時30分～23時）
▶ **費用**：A\$125（3～12歲為A\$90）、夜遊行程為A\$145（3～12歲為A\$105）
※夜遊行程附晚餐
▶ **最少成行人數**：2位

ACTIVITY DATA

【驚險刺激度】…★★　【體驗自然度】…★★★
【難易度】………★★

不管是什麼樣的道路都可以勇往直前

依旅行的風格來選擇！

夢幻的度假村住宿

凱恩斯擁有豐富住宿選擇，從附廚房的公寓型酒店到
大型度假村等應有盡有。可以根據不同需求來選擇，享受美好假期。

中庭游泳池可
以自由使用
（7～21時）

Jack & Newell Cairns Holiday Apartments
MAP P125-C4

凱恩斯傑克和
尼威爾度假公寓

位於Wharf Street上的公寓型酒店。各
房型皆設有客廳、廚房、臥室、洗衣機
等設備齊全。很適合長期住宿及家庭出
遊的旅客。

data
🚌 Cairns City Bus Station步行8分
🏠 27-29 Wharf St. 📞 (07) 4031-4990
💰 雙床房2晚A$349～、3床房2晚
A$419～ 18室

看點在這裡！

● 全房型皆為眺望三一灣的景觀房。可
以在私人陽台享受片刻悠閒，體驗居
住在凱恩斯的氣氛。

時尚舒適的
公寓型酒店

客廳設備皆為
最新款式

從微波爐到碗盤
應有盡有的廚房

臥室的絕佳景致

面向花園的
高級客房

單床的套房
可以將碼頭
風光盡收眼
底

位於海邊的
度假型飯店

內陸周邊

Shangri-La Hotel the Marina Cairns
MAP P125-D3

凱恩斯香格里
拉大酒店

位於停靠小船和遊艇的碼頭前。
以統一的大地色系讓客房呈現出
優雅舒適的氛圍。良好的地理位
置也是魅力之一，購物或用餐都
相當方便。

data
🚌 Cairns City Bus Station步行10
分 🏠 Pierpoint Rd.
📞 (07) 4031-1411
💰 A$318～ 255室

坐擁碼頭美景的
奢華度假飯店

看點在這裡！

位於商店、餐廳匯集的The
Pier at the Marina（→P53）
旁，非常方便。

 有餐廳　🏊有泳池　有健身房

Hilton Cairns <small>MAP P125-C4</small>
<small>內海周邊</small>

凱恩斯希爾頓酒店

寬敞舒適的客房設有私人陽台。
服務周到，環境舒適，是住宿的
好選擇。

data
🚌Cairns City Bus Station步行10
分　🏠34 The Esplanade
📞(07)4050-2000
💰⑤①A$299～　262室

設備新穎完善的城市度假飯店

以熱帶雨林為主題的中庭泳池

看點在這裡！
● Mondo Café Bar and Grill（→P14）和東南義大
利菜餐廳「SIMPLY ITALIAN」等餐廳廣受好評。

設有按摩浴缸的SPA客房很受歡迎

標準客房也有40㎡大

整片維多利亞風白牆的
高樓層飯店

設有成人泳池、兒童泳池以
及按摩池

The Pullman Cairns International
<small>MAP P125-C3</small>
<small>內海周邊</small>

凱恩斯國際
鉑爾曼酒店

共有16樓，為凱恩斯最高的飯
店。高樓層的觀海客房可以眺望
到綠島。位置很好，非常適合觀
光住宿。

data
🚌Cairns City Bus Station步行10
分　🏠17 Abbott St.
📞(07)4031-1300
💰⑤①A$286～　321室

看點在這裡！
以白色為基調的維
多利亞風大廳。挑
高的天花板、大理
石地配上水晶吊
燈，十分奢華。

The Pullman Reef Hotel Casino <small>MAP P125-C3</small>
<small>內海周邊</small>

礁灘鉑爾曼酒店賭場

全房型皆設有私人陽台和按摩浴缸。設有6間餐廳＆酒
吧、賭場和市區唯一的動物園Cairns Wildlife Dome
（→P21）於此。

data
🚌Cairns City Bus Station步行8分　🏠35-41 Wharf St.
📞(07) 4030-8888　💰⑤①A$189～　128室

看點在這裡！
頂樓的Cairns Wildlife
Dome（→P21）為室
內動物園。可以乘坐
遊樂設施環繞圓形屋
頂一圈。

最小的客房也有36㎡
大，十分寬敞。浴室
為乾濕分離的設計

和賭場分開，獨立的飯店大廳和建築

在設備齊全的飯店
享受住宿樂趣

在安靜宜人的泳池裡
悠閒的度過美好時光

COURSE 1 乘坐觀光火車和Skyrail熱帶雨林纜車
遠古原始雨林 造訪森林中的世界自然遺產
從車窗欣賞庫蘭達的絕美風光
Kuranda

MAP P138-A2

「庫蘭達」是澳洲原住民語中
「位於熱帶雨林中的城市」之意
前往被遠古原始雨林包圍的庫蘭達市
可以搭乘從凱恩斯出發的復古觀光火車，
或是空中纜車「熱帶雨林纜車」
來到庫蘭達，可以逛逛工藝品市集，
悠閒漫步享受美景

行程比一比

美食指數	♪♪♪	享用當地水果及咖啡
購物指數	♪♪♪	尋找獨一無二的當地藝術家作品
休閒娛樂指數	♪♪♪	享盡主題樂園和原住民舞蹈
戶外活動指數	♪♪♪	乘坐庫蘭達獨有的特殊交通工具
自然美景指數	♪♪♪	前往被列為世界遺產的遠古原生林
建議造訪時間		9～16時
全程所需時間		一日遊為8小時30分鐘
預算參考		除了交通費之外，另需主題樂園門票和餐費等（參閱P30～31）

暢遊庫蘭達

庫蘭達觀光火車和熱帶雨林纜車的路線不同，沿途的景色也各有千秋。難得來到庫蘭達，一定要兩種交通工具都乘坐看看，欣賞一下不同的窗外風景。如果參加觀光行程，可以選擇兩種交通工具都包含的觀光行程。熱帶雨林纜車在紅峰站及拜倫瀑布站都有停靠站，若是兩站都下車觀光，凱恩斯到庫蘭達之間需要預留1小時30分鐘左右。

前往庫蘭達的交通方式

🚡 熱帶雨林纜車 MAP P122-B2

搭乘可乘坐6人的纜車45分，便可從位於凱恩斯郊區的史密斯菲爾德站到達庫蘭達站。纜車共有114輛，一小時內可以提供700人搭乘。7.5km的路程以36座鐵塔搭建而成。中途停靠紅峰站及拜倫瀑布站。⊠凱恩斯往北前往纜車起站史密斯菲爾德站車程約15分（各大飯店備有接駁車前往A$11.50）☎(07)4038-5555 🕘9時～17時15分（末班車於15時45分發車）※纜車每15分鐘接受預約💰單程A$50、來回A$75 🌐www.skyrail.com.au/zh-CN

🚃 庫蘭達觀光火車 MAP P124-A1 地圖▶正面-A1

連接凱恩斯站到庫蘭達站之間的鐵路，全程1小時55分鐘。約34km的距離，共通過15座隧道與超過37座的橋。中途停靠清水火車站及拜倫瀑布站。設有普通座及金卡座，乘坐專用列車的金卡座可以享用當地紅酒及啤酒。☎(07)4036-9333 🕘凱恩斯站為8時30分、9時30分發車，庫蘭達站為14時、15時30分發車，一天兩班。也可於清水火車站上下車。💰普通座：單程A$50、來回A$76，金卡座（凱恩斯站為9時30分發車、庫蘭達站為15時30分發車，一天一班）：單程A$99、來回A$174 🌐www.ksr.com.au/Pages/Default.aspx

參加觀光行程來一趟庫蘭達之旅！

想要沒有時間壓力的遊逛庫蘭達，可以選擇參加觀光行程。搭乘熱帶雨林纜車前往，回程則是搭乘庫蘭達觀光火車。於庫蘭達村莊漫步遊逛後，來到熱帶雨林自然公園（→P31）乘坐水陸兩用軍鴨車前進叢林冒險。詳情請洽MYBUS DESK（→P24）等各家旅行社。

🚠 拜倫瀑布站
Barron Falls Stn.

火車站的月台旁設有觀景台，可以欣賞拜倫瀑布和峽谷美景。熱帶雨林纜車站設有三座觀景台，可從高處將自然美景盡收眼底。熱帶雨林館位於此站，可以順道一訪。

※庫蘭達觀光火車、熱帶雨林纜車皆有公休日

來比一比熱帶雨林纜車與觀光火車的窗外風景！

庫蘭達站
Kuranda Terminal

觀光火車與熱帶雨林纜車的車站位於山腰，一上一下比鄰而居。熱帶植物生長茂密的復古火車站，還保留了1915年建造時的風貌。熱帶雨林纜車站設有現代化設施，還有紀念品商店、自動拍攝抵達紀念照的攝影機等。瀏覽新舊車站也是一大樂趣。

紅峰站
Red Peak Stn.

熱帶雨林纜車中最高的車站，位於海拔545m處。雨林木板棧道設有說明指示牌，護林員也有提供的免費導遊講解，可以更加深入瞭解雨林環境。
（全程約15分鐘）

史密斯菲爾德站
Smithfield Terminal

熱帶雨林纜車的起點，設有寬敞的停車場、咖啡廳、商店。天晴時，從史密斯菲爾德站前往紅峰站途中可以眺望到綠島風光。

乘坐熱帶雨林纜車來一趟驚險刺激的冒險！

除了一般的纜車之外，另有下列兩種纜車可供選擇。行駛時間及纜車數量有限，要提早預約。

●玻璃底雨林景觀纜車
底部為透明玻璃，從腳下俯瞰整個雨林美景。最多可供5人乘坐。每隔7分鐘一班。每位乘客需多加A$10。

●飛越雨林體驗
為開放式纜車，可以欣賞到魅力十足的雨林全景。會有護林員陪同，提供動植物等環境介紹。最多可供4人乘坐。一天兩班。每位乘客需多加A$100。

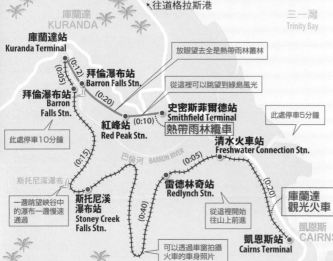

往道格拉斯港

庫蘭達 KURANDA

三一灣 Trinity Bay

庫蘭達站 Kuranda Terminal

拜倫瀑布站 Barron Falls Stn.（0:12）（0:05）

拜倫瀑布站 Barron Falls Stn.

放眼望去全是熱帶雨林叢林

（0:20）

從這裡可以眺望到綠島風光

史密斯菲爾德站 Smithfield Terminal 熱帶雨林纜車

（0:10）

此處停車5分鐘

紅峰站 Red Peak Stn.

此處停車10分鐘

（0:15）

斯托尼溪瀑布

巴倫河 BARRON RIVER

（0:05）

清水火車站 Freshwater Connection Stn.

一邊眺望峽谷中的瀑布一邊慢速通過

斯托尼溪瀑布站 Stoney Creek Falls Stn.

（0:40）

雷德林奇站 Redlynch Stn.

從這裡開始往山上前進

（0:20）

庫蘭達 觀光火車

可以透過車窗拍攝火車的車身照片

凱恩斯站 Cairns Terminal

凱恩斯 CAIRNS

斯托尼溪瀑布
Stoney Creek Falls

穿過幾座隧道後，來到岩壁耳的急彎處，伴隨著水流聲，可以看見高46m的斯托尼溪瀑布從岩盤順流而下。為了方便大家拍照，火車會在此降速行駛。

清水火車站
Freshwater Connection Stn.

將1920年的火車改裝成餐廳，另設有博物館、拍荒者小屋，可以認識到當地鐵路的歷史。

📞(07)4055-2222　餐廳為(07)4055-1307　⏰7～15時（週六、日為～13時）、餐廳為7～14時　🈺無休

凱恩斯站
Cairns Station

從凱恩斯站出發的庫蘭達觀光火車每天有2班，開往布里斯本則為每週5班。位於凱恩斯中央購物中心旁。可於車站購買觀光火車票，若是尚有空位，也可以購買當日車票。

欣賞完車窗外的自然美景
就前往庫蘭達村莊漫步遊逛

乘坐熱帶雨林纜車前往庫蘭達

1 於觀光服務處蒐集資訊

　步行1分

2 Bob's Woodart

　步行5分

3 澳洲蝴蝶保護區

　步行1分

4 庫蘭達文化遺產市場

　步行2分

5 庫蘭達原生雨林市集

坐在搖晃的纜車與火車上，暢享自然美景後，來森林中的城鎮走走吧！雖然是一個前後20分鐘即可走完的小村莊，但是擁有許多充滿特色的商店。首先出發前往主街Coondoo Street吧！

Frogs Restaurant
以實惠的價格提供漢堡、披薩等豐富餐點，很適合來享用午餐。📞 (07) 4093-8952
🕐9時30分～16時

1.提供解說的導覽行程　2.被森林環繞
3.美麗的藍色尤利西斯鳳蝶

1 觀光服務處
Information Centre

位於公園內，走進服務處迎面而來的是熱情的義工。這裡時常被當作會合的地點，請事先確認好服務處的所在位置。
🚶庫蘭達站步行7分
📍TherwineSt.
📞(07) 4093-9311
🕐10～16時
❌無休

2 Bob's Woodart
Bob's Woodart

回收熱帶雨林中倒下的樹木，精心製作成一體成型的木板及拼花工藝品並販售。
🚶庫蘭達站步行5分
📍Shop8/24Coondoo St.
📞(07) 4093-9044
🕐10時～15時
❌無休

1 觀光服務處
3 澳洲蝴蝶保護區
庫蘭達無尾熊園、鳥園、Frogs Restaurant
4 庫蘭達文化遺產市場
Kuranda Homemade Ice Cream
5 庫蘭達原生雨林市集
Kuranda Coffee Republic
熱帶雨林自然公園
郵局
Thoree St.
停車場
ATM
Coondoo St.
Bob's Woodart 2
叢林步道
Kuranda Hotel Motel
庫蘭達遊船乘船處
庫蘭達觀光火車站
熱帶雨林纜車站
Kennedy Highway
步行40分
N

庫蘭達常見的 熱帶植物

庫蘭達不僅有由熱帶雨林形成的叢林美景，就連主街上的熱帶雨林也生氣蓬勃。

扼殺者無花果樹
Strangler Fig Tree

其種子交纏在其他植物身上發芽，纏繞並使其枯萎的一種寄生植物。

Lip Palm

宛如嘴唇一般的紅色樹根是其最大特徵，屬於棕櫚科。有約2～3m高。

Bottom Palm

其特徵是下半部比上半部粗壯許多。屬於灌木棕櫚。

紅瓶刷子樹
Bottlebrush

屬於常青灌木的桃金孃科植物。貌似洗瓶子用的刷子而得其名。

樹蕨
Tree Fern

南半球的代表性蕨類植物。生長於多雨地區。有些樹莖會長到10～15m長。

3 澳洲蝴蝶保護區
Australian Butterfly Sanctuary

共有約1500種的蝴蝶飛舞於茂密的熱帶植物林中，是澳洲規模最大的蝴蝶園。可以看到珍貴品種的標本等，對蝴蝶能有更多認識。

🚶庫蘭達站步行10分 📍RobVeivers Dr. 📞(07) 4093-7575 🕐9時45分～16時 📅無休 💰A$19.50、4～14歲為A$9.75

等你來哦！

4 庫蘭達文化遺產市場
Kuranda Heritage Markets

販售當地工藝術家的工藝作品和手工蜂蜜等商品。市集內的鳥園飼育以澳洲鳥類為主的各種全球鳥類（A$17）。擁有超人氣無尾熊的庫蘭達無尾熊園也位於此（A$17）。無尾熊園內飼育了鱷魚、爬蟲類、袋鼠、小袋鼠等，是一座迷你動物園。

🚶庫蘭達站步行10分。熱帶雨林纜車庫蘭達站備有免費接駁車，9～16時，每15～20分鐘一班 📍Rob Veivers Dr. 📞(07) 4093-8060、鳥園(07) 4093-9188、無尾熊園(07) 4093-9953 🕐9時30分～15時30分(鳥園及無尾熊園為9～16時) 📅無休

5 庫蘭達原生雨林市集
Kuranda Original Rainforest Markets

使用在庫蘭達近郊開採到的礦物製作品飾品及手工服飾等，於店內示範製作並販售。

🚶庫蘭達站步行10分 📍Cnr. Therwine & Thoree Sts. 📞無 🕐9時30分～15時 📅無休

有很多當地工藝品及藝術家作品

稍微走遠一些

熱帶雨林自然公園
Rainforestation Nature Park
MAP P122-B2

距離庫蘭達車程5分鐘的主題樂園。園區寬闊，不僅可以欣賞澳洲原住民的舞蹈表演，還可以體驗擁抱無尾熊。只有在這裡才能乘坐的6輪驅動水陸兩用車鴨車，帶領遊客前往熱帶雨林冒險（全程45分鐘），千萬不要錯過！

🚶庫蘭達站車程5分。可從澳洲蝴蝶保護區搭乘接駁車前往，頭班車10時45分，每30分一班，來回車票A$12 📍Kennedy Hwy. 📞(07) 4085-5008 🕐9～16時 💰包含3項活動的超值全餐套裝票A$47、4～14歲為A$23.50 🌐www.rainforest.com.au/

設有馬達及船舵，在水上也通行無阻

第二次世界大戰時使用的水陸兩用車

可以欣賞澳洲原住民的舞蹈表演

和車鴨隊長一起出發去冒險

市場尋寶

來到庫蘭達文化遺產

在無尾熊園可以和無尾熊合照

來 這裡稍作休息 ♪

Kuranda Coffee Republic

享用庫蘭達產的濃醇咖啡

使用當地咖啡豆深度烘焙，讓咖啡呈現帶有甘甜的濃郁風味。特別推薦加入當地蜂蜜的Honey Moon Latte A$5。另有販售咖啡豆。

🚶庫蘭達站步行5分 📍17 Thongon St. 📞0414-790-034 🕐9時30分～15時30分 📅無休

Kuranda Homemade Ice Cream

充滿水果風味的冰淇淋

外觀為紅白小屋的冰淇淋店非常好認。使用百香果、釋迦等在地當季水果，加上大量新鮮牛奶製成美味的冰淇淋。提供20種以上的口味可供選擇。

🚶庫蘭達站步行10分 📍Therwine St. 📞0419-644-933 🕐9～16時 📅無休

硬葉槲蕨
Basket Fern

其胞子會附生在其他樹木上，日漸成長形成一個籃子的形狀，屬於附生植物。

鹿角蕨
Elk Horn

附生在熱帶雨林植物上的蕨類植物。樹葉形狀因長得和加拿大馬鹿的角相似而得其名。

Wait a While

源自東南亞的攀緣棕櫚。帶有刺，會攀附著周邊的樹木蔓延生長。

COURSE 2

距離凱恩斯50分鐘的海洋世界遺產
來到珊瑚礁綠島和熱帶魚一起悠游共舞

Green Island

MAP P122-B2

綠島為大堡礁（G.B.R.）的其中一個「珊瑚礁島」。
島的北邊為白色沙灘，可以在此暢享浮潛、海灘活動。
還有潛水、水上飛機等自選行程選擇豐富。
來到綠島就先計畫好要體驗的海上活動，
盡情遊玩直到啟程回凱恩斯前的最後一秒。

行程比一比

項目	指數	說明
美食指數	♪♪♪	於Emeralds Restaurant享用豪華美食
購物指數	♪♪	購買獨家商品
休閒娛樂指數	♪♪♪	於島內漫步認識歷史和自然環境
戶外活動指數	♪♪♪	體驗各種海上活動
自然美景指數	♪♪	白色沙灘和熱帶雨林呈現自然美景
建議造訪時間		當日來回為8時30分～17時20分
全程所需時間		半日遊為4小時、一日遊為9小時
預算參考		除團費外需另計戶外活動的費用（請參閱P34～35）

綠島度假村
Green Island Resort MAP P122-B3

🏠Green Island ☎(07)4031-3300 📋提供各種套裝行程。
行程時間請參閱下表。戶外活動費用需另計 休無休
🌐www.greenislandresort.com.au

前往綠島的交通方式

可以從凱恩斯搭乘高速雙體船大冒險號前往綠島。船程50分
鐘。從凱恩斯為8時30分、10時30分、13時出發，一天三班。
從綠島為12時、14時30分、16時30分出發。也可以選擇參加
各遊船公司推出的含來回船票套裝行程。從凱恩斯出發前往綠
島的經典行程請參閱P33。遊船皆由凱恩斯大堡礁遊艇碼頭
（MAP P125-D3）出發。可透過旅行社或碼頭內的遊船公司櫃
臺報名。

綠島一日遊行程範例

08:30	從凱恩斯大堡礁遊艇碼頭出發
09:20	抵達綠島。可以自由選擇體驗戶外活動
11:30	享用午餐。午餐後繼續自由體驗戶外活動
16:30	從綠島出發
17:20	抵達凱恩斯大堡礁遊艇碼頭

長長的棧橋也是必看景點

碼頭
Boat Jetty MAP Ⓐ

來往凱恩斯的渡輪皆由此處發船。有數間開
往綠島的遊船公司，上船前要注意不要搭
錯。船票直到回程都要小心保管。啟程時人
潮眾多，建議提早10分鐘到碼頭等候上船。
從碼頭可以看到魟和鸚哥魚等悠游自在游泳
的樣子。

度假村泳池
Resort Pool MAP Ⓑ

位於島內度假村正中間的游泳池，只開放給
參加大冒險號行程的旅客利用。很適合帶著
小孩的家族旅行或在海上玩累了想悠哉游泳
的遊客。此處也作為潛水的練習泳池。

🚶度假村入口步行1分

悠閒的度假時光

透過玻璃清楚觀察珊瑚礁美景

漫步指南

遊船會停靠在眾多設施的綠島西邊。綠島的東邊則是閑靜的熱帶雨林。島內設有健行木棧道，可以沿著指示牌環島一圈。還可於服務中心索取「島內自由漫步導覽」，來一趟綠島漫步。綠島為南北260m、東西660m的小島，全程約40分鐘即可走完。

玻璃底船　⌛~30分
Glass Bottom Boat　MAP C

船底為透明玻璃，可於航行時觀賞珊瑚礁及魚群。海面平靜時有機會看到烏龜及雙帶小丑魚。可以在凱恩斯前往綠島的船上詢問確認好玻璃底船的出發時間。若是容易暈船，建議途中將視線離開船底，看一看遠處。

💰A\$18、4~14歲為A\$9

美拉尼西亞海洋公園　⌛~30分
Marineland Melanesia　MAP D

充滿熱帶風情的海洋博物館，展出異國情調的南太平洋工藝品及棲息於大堡礁的海洋生物。可以體驗與海龜近距離接觸和觀賞鱷魚餵食秀。鱷魚餵食秀結束後，可以和小鱷魚合照紀念。🚌度假村入口步行5分　🕘9時30分~16時15分　💰A\$19、4~14歲為A\$9

沈浸在充滿異國情調的氣氛中

綠島度假村
Green Island Resort　MAP E

度假村內皆為Villa型豪華客房，將綠島的自然魅力充分發揮出來。綠島豪華房為56㎡、大堡礁豪華房為66㎡，客房空間寬敞。末班船啓程後，就剩下住宿的旅客，可以著侈地獨佔整個綠島。眺望滿天星空、在海灘欣賞落日餘暉，感受一日遊旅客體驗不到的精彩魅力。

📞(07)4031-3300

💰綠島豪華房A\$695~、大堡礁豪華房A\$799~　46室

在島上的度假村度過特別的夜晚

體驗浮潛及海上獨木舟的景點 · 水上飛機 · 美麗的主海灘 9分 · 救生員 · 沙灘用品出租／救生員 · 太陽傘&沙灘椅 · 沙灘排球場 · 樹木茂密 · 玻璃底船 C · B · 度假村泳池 · 淋浴間&更衣室&洗手間 · 泳池酒吧 · 入口 · 在島上的度假村度過特別的夜晚 · A 碼頭 遊艇 · 棧橋 · 置物櫃&更衣室 · 潛水站 · 防波堤 · 置物櫃 · 置物櫃 · D 美拉尼西亞海洋公園 · 10分 · 遊艇 · 照相館 · 觀光直昇機購票處 · Emeralds Restaurant · The Canopy Grill · 綠島導覽散步步道 · The Canopy Buffet & Kitchen · Lite Bites Ice Cream Parlour · 附近有許多珊瑚礁和熱帶魚，還可以看到魟和烏龜出沒 · 長凳 · 長凳 · 置物櫃 · E 綠島度假村 · Oiled Massage Salon · 服務中心 i · 5分 · 精品店 · 棕櫚樹茂密繁盛 · N · 海灘 · 6分 · 10分 · 0 100m · 直昇機場 · --- 步行路線

凱恩斯出發前往綠島的套裝行程

行程名稱	凱恩斯出發時間	綠島出發時間	費用	費用包含內容
綠島生態之旅	08:30 10:30 13:00	12:00 14:30 16:30	A\$93 (4~14歲為 A\$48)	玻璃底船或浮潛設備
綠島發現之旅	08:30 10:30	14:30 16:30	A\$141 (4~14歲為 A\$76)	豐盛自助午餐、玻璃底船、浮潛設備、精美沙灘包
絕代雙礁 （綠島&大堡礁之旅）	08:30	全程 9小時	A\$244 (4~14歲為 A\$128)	2小時綠島遊覽、3小時大堡礁海上平台遊覽（→P85）、浮潛設備、乘坐半潛水艇、海底觀察站、豐盛自助午餐

報名請洽 **MYBUS DESK**（→P24）、**大冒險號**📞1800-079-080

※全行程皆包含乘船來回、早餐茶（直到從凱恩斯出發）、免費使用綠島度假村泳池、島內自由漫步導覽。如需午餐可另加（綠島&大堡礁之旅除外）
※凱恩斯大堡礁遊艇碼頭接駁車往返凱恩斯市區的車資為A\$22／4~14歲A\$13、往返棕櫚灣的車資為A\$28／4~14歲A\$14

和熱帶魚一起悠游共舞
挑戰人氣戶外活動！

來到海水蔚藍的大堡礁，不和熱帶魚見上一面不能回家！
浮潛、潛水、海底漫步、
在水中漫舞的熱帶魚、膽小的烏龜、七彩繽紛的珊瑚……。
使用簡單的設備，就可以一口氣拉近和海洋世界的距離。
依據天氣和身體狀況諮詢遊船公司的工作人員之後，
來選擇適合自己的戶外活動吧。
※難易度的★較多者表示較困難

浮潛
Snorkeling

難易度	★☆☆
全程時間	自由決定
費用	浮潛設備A\$9、4～14歲為A\$9，潛水衣A\$8

不論何時都能輕鬆體驗的超人氣海上活動。對游泳有自信的人可以選擇北邊海灘來場珊瑚礁群探險。不擅長游泳的可以在碼頭南邊或海灘附近欣賞海底世界。

POINT 若是不擅長游泳建議租借救生衣穿戴（A\$12、4～14歲為A\$6）

潛水
Introductory Diving

難易度	★★★
全程時間	120分
費用	A\$158

在泳池接受完行前訓練後，坐船前往潛點。真正潛水時間為30分鐘，但仍非常盡興。每天有2～3班船出發。部分病史及健康狀況可能導致無法報名參加。

POINT 在經驗豐富的教練帶領下，遊覽豐富多樣的海洋生物。潛水時要注意身體狀況，若稍有不適請立即通知教練。

海底漫步
Sea Walker

戴上供應新鮮氧氣的頭盔，來到水深4～5m處進行海底漫步。可以體驗餵魚、被魚群圍繞，欣賞美麗海底風光。

POINT 帶著頭盔臉部不會進水，可以戴著眼鏡或隱形眼鏡下水。呼吸不費力，可以輕鬆體驗。

難易度	★☆☆
全程時間	60分
費用	A\$160（13歲以上，身高140cm以上）

大堡礁海洋

最想遇見 BEST
的魚類 10

浮潛、潛水愛好者心中的潛水聖地大堡礁，
擁有美麗的珊瑚礁、五顏六色的熱帶魚等豐富多樣的海洋生物。
先來認識一下這些魚的名字，讓海底觀察更添樂趣。

第1 小丑魚
Anemonefish
因為電影《海底總動員》而聲名大噪的雙帶小丑魚的同類。與海葵共生的熱帶魚。

第2 拿破崙魚
Napoleon Fish
體長2m，屬於隆頭魚科。因頭部貌似帶了拿破崙的帽子而得其名。

第3 鬼蝠魟
Manta Ray
世界最大型的魟魚。在大堡礁一整年都能看到牠的身影。

第4 海龜
Turtle
大堡礁擁有1m以上的大型海龜。其中以綠蠵龜最為有名。

第5 黑斑石斑魚
Giant Potato Cod
身上帶有黑色大斑點是其最大特徵。身長1m左右，很親人。

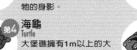
第6 南極小鬚鯨
Southern Minke Whale
為了要繁衍下一代，於6月到10月期間會從南極往北澳洲迴游。

第7 藍倒吊
Blue Tang
也有出現在電影《海底總動員》當中。鮮豔的藍色與黃色尾巴是其特徵。

第8 白吻雙帶立旗鯛
Bannerfish
身上帶有搶眼的黃色及黑色相間的條紋。以又直又長的背鰭優雅的游動。

想要從空中欣賞珊瑚礁島美景的看過來

水上飛機觀光之旅
Seaplane Scenic Flight

乘坐水上飛機來到離地150m的空中欣賞大堡礁的珊瑚礁。環繞綠島附近的阿靈頓堡礁、中礁及綠島一圈。鬼蝠魟與海龜暢遊海洋之姿讓人感動！

POINT 除了腳之外身體不會碰水，不擅長游泳的人也可以放心參加。7～9月期間有機會看到鯨魚。需要於凱恩斯服務處事前預約。☎(07)4031-4307

難易度	★☆☆
全程時間	25分（航行時間15分）
費用	A$199（最少成行人數2數）

直昇機觀光之旅
Helicopter Scenic Flight

可以同時體驗乘坐直昇機，並於離地約200m的空中欣賞大堡礁的美麗珊瑚礁和淨白沙洲美景。

難易度	★☆☆
全程時間	30分（航行時間10分）
費用	A$189（3歲以上）2歲以下免費

POINT 還有從凱恩斯搭乘直昇機前往綠島（費用另計）的熱門行程，需提前預約☎(07)4081-8888

第9 海馬 Seahorse
由英文名「Seahorse」翻譯而來。由無數的節組成。以上下移動身體來前進。

第10 獅子魚 Lionfish
擁有貌似獅子鬃毛般的背鰭和直線條花紋為其特徵。背鰭帶有毒性。

Nature Column
面積約2000km的大堡礁，是世界最大規模的珊瑚礁群。從海面到海底數百米深處，擁有各種形狀、顏色的珊瑚礁，以浮游生物為食，與魚類共生。若是不小心觸碰到其中某些種類，會感受到激烈疼痛，也有些會讓傷口化膿，要特別注意不要摸到活珊瑚。

拖曳傘
Parasailing

可以從空中眺望綠島、凱恩斯市區和布滿珊瑚礁的漸層祖母綠海洋美景。

難易度	★☆☆
全程時間	30分～1小時（航行時間為8～10分）
費用	A$140、兒童為A$115（8～14歲、25kg以上並有成人陪同）

POINT 乘坐在2人做的位子上，可以舒適的欣賞風光。因為是從船上出發，不需要穿著泳衣也可參加。☎0499-666-888

🎵 這裡稍作休息 ♪

Oiled Massage Salon
來到島上的度假村放鬆身心
位於綠島度假村內新開的精油按摩店。提供香氛精油及日式指壓技法等服務，可以自行搭配選擇。60分鐘A$80。非住宿房客也可以利用。
🕐9時30分～21時
🈳無休

在舒適的空間舒緩放鬆

Emeralds Restaurant
午餐享用五星級度假村的美味菜色
位於度假村內的舒適開放式餐廳。午餐時間非住宿房客也可前往用餐。提供義大利麵A$23、午餐單品菜色A$15起等。
🕐11～17時
🈳無休

享用豪華午餐感受度假氣氛

Lite Bites Ice Cream Parlour
海上活動後以美味甜點完美收尾
超受歡迎的冰淇淋店。可以選擇甜筒或杯狀，以及自己喜歡的配料。在太陽下盡情玩樂後享用的冰淇淋是人間美味。單球A$4.80
🕐9時30分～16時
🈳無休

另有提供零食點心及輕食

COURSE 3

從凱恩斯沿著海岸線北上

暢快海邊兜風

凱恩斯到道格拉斯港車程約1小時。
經過棕櫚灣之後往塔萊海灘是一條大約
35km的美麗海景兜風路線，每一次的轉彎都能
看見不同的美景。右手邊還是淨白沙灘和湛藍海洋，
吹著海風來一趟暢快兜風之旅吧！

START 凱恩斯市區
車程30分／25km

1 埃利斯海灘
車程15分／12km

2 哈特利鱷魚探險之旅
車程4分／2km

3 雷克斯觀景台
車程13分／10km

4 塔萊海灘別墅酒店
車程11分／11km

5 野生動物棲息地
車程10分／6km

6 旗桿山觀景台
車程1小時／66km

GOAL 凱恩斯市區

行程比一比

項目	評等	說明
美食指數	♪♪♪	塔萊海灘別墅酒店的午餐超級美味
購物指數	♪♪♪	道格拉斯港是購物天堂
休閒娛樂指數	♪♪♪	可以和動物們近距離接觸
戶外活動指數	♪♪♪	乘坐滑翔翼在空中飛翔
自然美景指數	♪♪♪	車窗外的大堡礁海景美不勝收
建議造訪時間	9～17時	
全程所需時間	8小時	
預算參考	門票、餐費等每人A$100左右	

路線概要說明

從連接凱恩斯市區南北的**謝里登街**（Sheridan St.）北上，來到佛羅倫斯街（Florence Street）之後接**大堡礁海濱道**（Great Barrier Reef Drive）。沿著大堡礁海濱道北上，進入道格拉斯港前的**道格拉斯港路**（Port Douglas Rd.），前方會接上道格拉斯港的主街**馬卡松街**（Macrossan St.）。只要順著原路就可以從道格拉斯港回到凱恩斯。全程路線以直線為主，簡單明瞭，第一次到訪也能安心享受兜風。

↑往戴恩樹國家公園

Newell

Cooya Beach

莫斯曼

莫斯曼峽谷

6 旗桿山觀景台

道格拉斯港

Four Mile Beach

5 野生動物棲息地

可以體驗滑翔翼

Pebbly Beach

4 塔萊海灘別墅酒店
Osprey's Restaurant

Oak Beach
Pretty Beach
Turtle Creek Beach

3 雷克斯觀景台

有多處和緩彎道，可以享受海岸線兜風樂趣

Julatten

Great Barrier Reef Dr.

Wangetti Beach

2

莫里山

哈特利鱷魚探險之旅

44

急彎。請小心駕駛

1 埃利斯海灘

Double Island

棕櫚灣

Clifton Beach
Kewarra Beach
Trinity Beach
Yorkeys Knob

米切爾湖

DEVELOPMENTAL ROAD

庫蘭達

拜倫瀑布

Holloways Beach
Machans Beach

Mission Bay

凱恩斯

KENNEDY HIGHWAY

莫里斯湖

費茲羅伊島

N

0 10km

1

埃利斯海灘 **MAP** P122-A2

Elis Beach

一早來到嶄新的海灘留下自己的腳印。設有露營場和度假小屋等，充滿休閒度假氛圍的海灘。也可以在咖啡廳稍作休息。

DATA

亞凱恩斯車程30分

● 設有廁所　　● 參觀所需時間：20分

↓周邊設度假小屋及露營場

暢快海邊兜風

←世界上最凶猛的灣鱷

② 哈特利鱷魚探險之旅 MAP P122-A2

Hartley's Crocodile Adventures

鱷魚餵食秀充滿魄力

乘坐在船上欣賞鱷魚餵食秀！保留大自然原始景觀的大型動物園，飼育了無尾熊、小袋鼠、鶴鴕等動物。

DATA
🚗凱恩斯車程45分　🏠Captain Cook Hwy., Wangetti　📞(07)4055-3576（遊覽船周遊：9時、10時30分、13時、14時30分、16時）　🗓無休　🎫門票A$37、4～15歲A$18.50

- 設有廁所
- 參觀所需時間：60分

③ 雷克斯觀景台 MAP P122-A2

Rex Lookout

岸邊崖上的絕美景色洗滌心靈

位於岸邊的高崖上，可以將海岸線盡收眼底的觀景點。轉彎處設有停車場，要注意避免開過頭。

↑可以眺望到雙島岬與棕櫚灣峽谷

DATA
🚗凱恩斯開車前往45分（參考時間）　🗓無休　🎫免費參觀

- 無廁所
- 參觀所需時間：10分

順道造訪

Updraught 滑翔翼

Updraught Hang Gliders　MAP P122-A2

化身為飛鳥在空中欣賞海原

從雷克斯觀景台出發，乘坐滑翔翼在空中像飛鳥一樣飛翔。

🚗凱恩斯車程45分　📞(0419)773-309　🎫A$150（飛行時間約20分鐘）　●需事前預約，因受限於天氣狀況，建議前後多預備2小時的緩衝時間　🌐www.updraught.com.au

↑教練會於航程中全程陪同，讓人安心

④ 塔萊海灘別墅酒店 MAP P122-A2

Thala Beach Lodge

景色和菜色都是一流水準

位於岬尖上的度假飯店。餐廳**Osprey's Restaurant**被尤加利樹包圍，提供美味的菜色。招牌午餐會隨季節更換菜單。主餐為A$25.80～。

- 設有廁所
- 休息時間：60分

↑吹著海風享受休閒的用餐時光

DATA
🚗凱恩斯車程1小時　🏠Private Road Oak Beach　📞(07)4098-5700　🍽午餐12～15時　🗓無休

⑤ 野生動物棲息地 MAP P127-A4

Wildlife Habitat

來熱帶雨林和動物朋友來場近距離接觸

約3萬2000㎡大的動物園，園內重現出熱帶雨林的生態環境。早餐及午餐時段舉行的親近鳥類節目很受到歡迎。

↑還有提供無尾熊及導覽行程

DATA
🚗道格拉斯港馬卡松街車程5分　🏠Port Douglas Rd., Port Douglas　📞(07)4099-3235　🕐8時～16時30分　🗓無休　🎫A$33、4～14歲A$16.50

- 設有廁所
- 參觀所需時間：60分

⑥ 旗桿山觀景台 MAP P127-A1

Flagstaff Hill Lookout

眺望四哩海灘

道格拉斯港地區最高的觀景台。能夠將四哩海灘（→P75）一眼望盡而廣為人知。設有標示版，刻有凱恩斯到世界各主要城市的距離。

DATA
🚗道格拉斯港馬卡松街車程2分　🕐9時～17時（參考時間）　🗓無休　🎫免費參觀

- 無廁所
- 參觀所需時間：10分

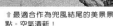
↑最適合作為兜風結尾的美景景點。空氣清新！

稍微走遠一些

從道格拉斯港回到小哩礁海濱道，再往北上約10ｋｍ處來到莫斯曼（→P78）。莫斯曼往內陸方向前進會來到茂密的熱帶雨林莫斯曼峽谷。再往北走，乘船渡過有鱷魚棲息的戴恩樹河，就會來到戴恩樹國家公園。

→戴恩樹河沒有橋樑可走，需要搭船渡河

COURSE♪4

從凱恩斯出發前往內陸高原
亞瑟頓高原壯闊兜風之旅

從凱恩斯往西走吉利斯高速公路，穿越熱帶雨林俊尖到亞瑟頓高原，綿延不絕的牧場草原景觀，充滿酪農大國澳洲的獨特風情，與大自然對話的高原兜風之旅。

START 凱恩斯市區
- 2小時15分・150km

1 米拉米拉瀑布
- 10分・10km

2 亞瑟頓高原
- 30分・20km

3 Gallo
- 5分・6km

4 窗簾樹
- 3分・2km

5 尤加布拉
- 10分・10km

6 巴林湖
- 50分・55km

GOAL 凱恩斯市區

行程比一比

美食指數	♪♪♪	牧場手工起司新鮮美味
購物指數	♪♪♪	選購凱恩斯農產品作為伴手禮
休閒娛樂指數	♪♪♪	來到尤加布拉小鎮體驗時光之旅
戶外活動指數	♪♪♪	湖畔漫步、瀑潭戲水
自然美景指數	♪♪♪	高原、湖泊等豐富自然景觀
建議造訪時間	9～17時	
全程所需時間	8小時	
預算參考	門票、餐費等1人A$50左右	

……路線概要說明……

這條兜風路線適合經驗豐富的好手。從凱恩斯市區Mulgrave Rd.出發，接上布魯斯高速公路（Bruce Hwy），然後往因尼斯費爾方向前進約1小時，在右手邊的入口進入帕默斯頓高速公路（Palmerston Hwy），再往前走約45分鐘即可抵達米拉米拉瀑布。米拉米拉瀑布往馬蘭達的路上，可以欣賞一片廣大的牧場風光。之後走25號線往亞瑟頓高原前進，途中會來到景觀餐廳「Gallo」。在窗簾樹、尤加布拉城鎮漫步遊逛之後，接著走吉利斯高速公路（Gillies Hwy）前往巴林湖。開往高登維爾途中需行經120個以上的轉彎，要注意小心駕駛。

N
0 10km

庫蘭達
凱恩斯
費茲羅伊島
莫里斯湖
馬里巴
GILLIES HIGHWAY
這一段區間有許多急彎。請小心駕駛。
戈登貝爾
窗簾樹
帶納魯湖
尤加布拉 **5**
托加
Kairi
阿瑟頓
鴨嘴獸出沒的景點
Gallo **3**
馬蘭達
隕石坑
亞瑟頓高原 **2**
米拉米拉瀑布 **1**
米拉米拉
米拉米拉觀景台
這一段的牧場風光非常美麗
BRUCE HIGHWAY
A1
福臨島
6 巴林湖
巴賓達
維旺龍國家公園
約瑟芬瀑布
因尼斯費爾
A1
PALMERSTON HIGHWAY
帕羅尼拉公園
Mena Creek
The Boulders

1 米拉米拉瀑布 MAP P122-A3
Millaa Millaa Fall

緩流而下的美麗瀑布

位於熱帶雨林當中。附近還有許多座瀑布，不過米拉米拉瀑布最負盛名。可以在瀑潭中游泳戲水。

DATA
- 從凱恩斯車程2小時15分
- 9～16（參考時間）
- 無休
- 免費參觀
- ●設有廁所
- ●參觀所需時間：20分

稍微走遠一些

從尤加布拉往西走約12km會來到高地中規模最大的城鎮亞瑟頓，穿過果園後再往北走，是咖啡、芒果等農產品出名的馬利巴。還有許多民宿及度假小屋，讓人體驗高地生活樂趣。

↑終年水流冰冷清澈

←米拉米拉觀景台擁有壯闊的景致

③ Gallo

MAP P122-A3

來酪農業區品嘗新鮮乳製品
販售自製起司、巧克力、冰淇
淋等產品的牧場，並設有輕食
餐廳。

DATA
- 米拉米拉觀景台車程30分
- Malanda Rd. (07)4095-2388
- 9時30分～16時30分 無休
- 設有廁所 休憩時間：60分
- ➡提供試吃、販售。14時～（週日為15時～）只供應咖啡

↑佛卡夏麵包A$17.50、
法式鹹派A$15.50

② 亞瑟頓高原

MAP P122-A~B3

Atherton Tableland

遼闊的高原讓人心生感動

連接尤加布拉、馬蘭達、米拉米
拉、荷伯頓到亞瑟頓的丘陵地。放
眼望去都是牧場、大菜園、水果園
等，是一塊閒靜宜人的地區。

DATA
- 米拉米拉瀑布到觀景台車程10分
- 無廁所 參觀所需時間：20分

④ 窗簾樹

MAP P122-A3

Curtain Fig Tree

交纏糾結在一起的神秘大樹
寄生於樹木上，勒住並使其
枯萎的「扼殺者無花果
樹」。無數的無花果樹根像
窗簾般垂吊，巨型無花果樹
是高原兜風之旅中最具看點
的一處。

DATA
- Gallo車程5分
- 9～17時（參考時間）
- 無休 免費參觀
- 無廁所
- 參觀所需時間：20分

旁邊設有介紹其成長過程的圖解解說板

NEXT 2 km

⑤ 尤加布拉

MAP P122-A3

Yungaburra

乘坐時光機回到墾荒時代

保留了1910年墾荒時代的街景風光。共
有18間歷史建築被指定為文化財產。

＜Yungaburra Visitor Information Centre＞

DATA
- 窗簾樹車程3分 Maudkehoe Place
- (07)4095-2416 9～17時（週日為10～16時）
- 設有廁所
- 參觀所需時間：30分

↑城鎮上有教會（上）及義大利
菜名店Nick's Restaurant（左）

⑥ 巴林湖

MAP P122-B3

Lake Barrine

山中的優雅湖泊讓人心曠神怡
湖水清澈見底的火山口湖。可
以在乘船遊湖一圈後，來到歷
史悠久的茶屋一邊享受下午
茶，一邊眺望美麗湖景。

DATA
- 尤加布拉車程10分
- Gillies Hwy., Yungaburra
- (07)4095-3474 9～16時
- 無休 免費入園、遊湖
- 遊覽船A$16（9時30分～11時30出發等。船程約45分）
- 設有廁所
- 參觀所需時間：60分

↑推薦手工烘焙司康
（阿咖啡或紅茶套餐）
A$7.20 ＊在湖畔可以
欣賞到百年樹齡的貝殼杉

順道造訪

彼得森溪

Peterson Creek

MAP P122-A3

運氣好時可以看到鴨嘴獸

從尤加布拉市中心開車約2分鐘
車程。Restaurant
Yungaburra Pizzeria的旁邊
有一塊設有圍欄的地方。可以
觀察到水池的樣子。陰天、早
晨或傍晚都是可能遇見鴨嘴獸
的好時機。

↑鴨嘴獸對聲音相當敏感，
要小心不要發出噪音

- 無廁所
- 參觀所需時間：10分

市區逛逛小建議

遊覽方式的重點

需記下來的5個大原則

要過馬路時要先按下紅綠燈下面的銀色按鈕，等人行號誌燈轉為綠燈時再行通過

凱恩斯市區的道路寬敞，車流量大，過馬路時要小心來車

在凱恩斯市區散步以步行為主

凱恩斯的東側到西側共有五個路口，是一座小型城鎮。商店和餐廳都在步行可到的範圍。白天日曬強，氣溫高，要注意預防曬傷和隨時補充水分。

前往郊區海灘等可搭乘路線巴士

前往棕櫚灣等度假海灘時，可以選擇路線巴士實惠又方便。逢週末及假日時班次較少，行前要再做確認。可於Cairns City Bus Station的各個巴士站查看時刻表。

大範圍移動時選擇租車自駕

想要造訪很多景點，在喜歡的地方想多待一會，不想有時間上的限制，喜歡自由安排行程，就要選擇租車自駕。基本上租車時會需要出示國際駕照、台灣駕照、及信用卡支付押金。

熱門觀光景點可以參加自選行程

不管是大堡礁、庫蘭達，還是凱恩斯郊區的觀光景點或參加戶外活動，都是參加自選行程最為方便。可以透過旅行社報名參加。

團體旅行時搭乘計程車較方便優惠

一般計程車最多可以載4位乘客，休旅車最多可以載10位乘客（大型車需事前電話預約☎131-008。5位以上搭乘需支付50%的加成費用）。上車前先告知目的地，向司機確認好車資後再行上車。

交通速查表

搭乘路線巴士或是計程車

	前往凱恩斯大堡礁遊艇碼頭	前往DFS環球免稅店
從凱恩斯大堡礁遊艇碼頭出發	凱恩斯大堡礁遊艇碼頭的最近巴士站 Reef Fleet Terminal	步行3分
從DFS環球免稅店出發	步行3分	DFS環球免稅店的最近巴士站 Abbott Street (Woolworths超前前)
從Cairns City Bus Station出發	步行10分	步行3分
從凱恩斯中央購物中心出發	步行20分	步行10分
從Skyrail熱帶雨林纜車站出發	搭乘開往凱恩斯中央購物中心的巴士（123）到Cairns City Bus Station車程48分。從Cairns City Bus Station步行10分前往凱恩斯大堡礁遊艇碼頭	搭乘開往凱恩斯中央購物中心的巴士（123）到Cairns City Bus Station車程48分。從Cairns City Bus Station步行3分前往DFS環球免稅店
從凱恩斯植物園出發	搭乘開往凱恩斯中央購物中心的巴士（131）到Cairns City Bus Station車程13分。從Cairns City Bus Station步行10分前往凱恩斯大堡礁遊艇碼頭	搭乘開往凱恩斯中央購物中心的巴士（131）到Cairns City Bus Station車程13分。從Cairns City Bus Station步行3分前往DFS環球免稅店
從棕櫚灣出發	搭乘開往凱恩斯中央購物中心的巴士（110）到Cairns City Bus Station車程1小時。從Cairns City Bus Station步行10分前往凱恩斯大堡礁遊艇碼頭	搭乘開往凱恩斯中央購物中心的巴士（110）到Cairns City Bus Station車程1小時。從Cairns City Bus Station步行3分前往DFS環球免稅店

※凱恩斯市區到Cairns City Bus Station的距離步行可到

主要交通工具

前往主要景點以巴士及計程車較為方便

交通工具	票價	營運時間	建議避開時段
路線巴士	A\$2.40～ 一日券（Transit Day Pass）A\$4.80～	7時15分～23時30分左右（視不同路線而異）	週末、假日及深夜時為減班行駛。在人潮散去的深夜時段盡量避免搭乘
計程車	起跳價為A\$2.90（夜間及週末為A\$4.30、0～5時為A\$6.30）。之後每1km為A\$2.26。電話叫車需加價A\$1.50	24小時	週末晚上較難叫車，計程車乘車區有時也會大排長龍。凱恩斯市區內沒有隨招隨停的計程車
租車自駕	小型車為一日A\$40～70	24小時	建議在不熟悉的道路上應避免夜間行駛

	前往Cairns City Bus Station	前往凱恩斯中央購物中心	前往Skyrail 熱帶雨林纜車站	前往凱恩斯植物園	前往棕櫚灣
	步行10分	步行20分	步行10分前往Cairns City Bus Station。搭乘開往詹姆士庫克大學的巴士（123）車程46分	步行10分前往Cairns City Bus Station。搭乘開往Raintrees Shopping Centre的巴士（131）車程14分	步行10分前往Cairns City Bus Station。搭乘開往棕櫚灣的巴士（110）車程56分
	步行3分	步行10分	步行3分前往Cairns City Bus Station。搭乘開往詹姆士庫克大學的巴士（123）車程46分	步行3分前往Cairns City Bus Station。搭乘開往Raintrees Shopping Centre的巴士（131）車程14分	步行3分前往Cairns City Bus Station。搭乘開往棕櫚灣的巴士（110）車程56分
Cairns City Bus Station的最近巴士站 **Cairns City Bus Station**		步行7分	搭乘開往詹姆士庫克大學的巴士（123）車程46分	搭乘開往Raintrees Shopping Centre的巴士（131）車程14分	搭乘開往棕櫚灣的巴士（110）車程56分
步行7分		凱恩斯中央購物中心的最近巴士站 **Cairns Central**	搭乘開往詹姆士庫克大學的巴士（123）車程46分	搭乘開往Raintrees Shopping Centre的巴士（131）車程18分	搭乘開往棕櫚灣的巴士（110）車程1小時
搭乘開往凱恩斯中央購物中心的巴士（123）車程約48分	搭乘開往凱恩斯中央購物中心的巴士（123）車程約51分	Skyrail熱帶雨林纜車站的最近巴士站 **Skyrail Base Station**（史密斯菲爾德站）		搭乘開往凱恩斯中央購物中心的巴士（123）到Cairns City Bus Station車程約48分。轉乘開往Raintrees Shopping Centre的巴士（131）車程14分	搭乘開往詹姆士庫克大學的巴士（123）車程10分。轉乘開往棕櫚灣的巴士車程27分
搭乘開往凱恩斯中央購物中心的巴士（110）車程13分	搭乘開往凱恩斯中央購物中心的巴士（110）到凱恩斯中央購物中心車程16分	搭乘開往凱恩斯中央購物中心的巴士（131）到Cairns City Bus Station車程13分。轉搭開往詹姆士庫克大學的巴士（123）車程46分	凱恩斯植物園的最近巴士站 **Cairns Botanic Gardens**		搭乘開往凱恩斯中央購物中心的巴士（110）到Cairns City Bus Station車程14分。轉乘開往棕櫚灣的巴士（110）車程56分
搭乘開往凱恩斯中央購物中心的巴士（110）到Cairns City Bus Station車程1小時	搭乘開往凱恩斯中央購物中心的巴士（110）到凱恩斯中央購物中心車程1小時	搭乘開往凱恩斯中央購物中心的巴士（110）到詹姆士庫克大學車程28分。轉乘開往凱恩斯中央購物中心的巴士（123）車程約22分	搭乘開往凱恩斯中央購物中心的巴士（110）到謝里登街車程49分。從謝里登街前往凱恩斯植物園步行5分	棕櫚灣的最近巴士站 **Palm Cove**	

 海濱道旁的凱恩斯與大堡礁旅遊局Tourism Tropical North Queensland（→P13）提供包含凱恩斯市區等昆士蘭全區的資訊。可以在出遊前先行造訪。

凱恩斯

路線巴士 Bus

從凱恩斯市區前往郊區的唯一一種大眾運輸工具。湛藍色的巴士是由Sunbus公司所經營。每台路線巴士的車頭都有顯示巴士號碼及目的地。路線巴士從凱恩斯站前的凱恩斯中央購物中心、或位於湖街的Cairns City Bus Station發車。可於Cairns City Bus Station搭乘所有路線巴士，或於凱恩斯中央購物中心搭乘路線133以外的所有路線巴士。

適合觀光的路線巴士一覽表

路線名	票價	營運時間	備註
凱恩斯植物園（巴士號碼：131）	從凱恩斯中央購物中心出發，行經Cairns City Bus Station前往凱恩斯植物園。單程為A$2.90、來回為A$5.60、一日券A$5.80	6時58分〜22時5分 ※約1小時一班	於凱恩斯植物園（→P62）、凱恩斯醫院設有站點。要前往徒步範圍外的市區景點也可以搭乘。於110巴士停靠的謝里登街步行5分即可抵達凱恩斯植物園。
史密斯菲爾德〜海灘（巴士號碼：111）	從凱恩斯購物中心出發，行經Cairns City Bus Station前往史密斯菲爾德購物中心。單程為A$3.90、一日券為A$7.80	7時19分〜23時35分 ※約1小時一班	前往史密斯菲爾德購物中心（→P55）、當地人喜愛的三一海灘、Kewarra Beach Resort & Spa（→P73）的路線巴士。
史密斯菲爾德〜棕櫚灣（巴士號碼：110）	從凱恩斯購物中心出發，行經Cairns City Bus Station前往棕櫚灣。單程為A$5.80、來回為A$11.20、一日券為11.60	7時4分〜23時4分 ※30分一班（平日）、1小時一班（週末）	於史密斯菲爾德購物中心、克里夫頓海灘及終點棕櫚灣等站停靠。到棕櫚灣車程約50〜60分鐘。凱恩斯中央購物中心〜史密斯菲爾德購物中心區間的路線和111巴士相同。週末巴士減班行駛，記得先確認好回程的巴士發車時間。

※全路線巴士皆為5〜14歲半價（尾數無條件進位。成人A$2.90→兒童A$1.50）、4歲以下免費
※以上時間為平日營運時間。週末、假日需再行確認

●來搭路線巴士吧

1 尋找巴士站

若要在凱恩斯市區搭乘巴士，可以選擇凱恩斯購物中心或Cairns City Bus Station，兩個地點都方便又好找。巴士站設置了畫有巴士的白底標示牌。若是在巴士站以外的地方舉手表示想搭乘，有時候巴士也會停下來。

從凱恩斯購物中心或Cairns City Bus Station發車

照著以英文字母標記的路線巴士號碼找到要搭乘的巴士

2 確認路線

巴士的行駛路線和時刻表可於巴士站的標示牌查看

Cairns City Bus Station根據不同目的地，分成第1月台和第2月台。上車前要記得先查看標示牌確認目的地及巴士號碼、發車時間。

鮮豔的藍色Sunbus巴士充滿南國海洋氛圍

3 上車投錢

從前門上車，告知司機要去的目的地和要購買單程（one way）或來回（return）。依照司機指示支付車資，並索取車票。

上車先付車資。告知司機目的地更可放心搭乘。想要購買一日券的話，只要告知司機「One day ticket, please.」即可

4 告知司機要下車

快到站時，要按下窗戶旁或扶手上的下車鈴

車內不會播放到站廣播，看到快到站時，按下下車鈴。若是不知道該在哪裡下車，可以請司機到站時告知。

5 下車

車上全面禁煙及飲食

從前門下車。下車時和司機說聲「Thank you.」表示謝意。

乾淨舒適的巴士

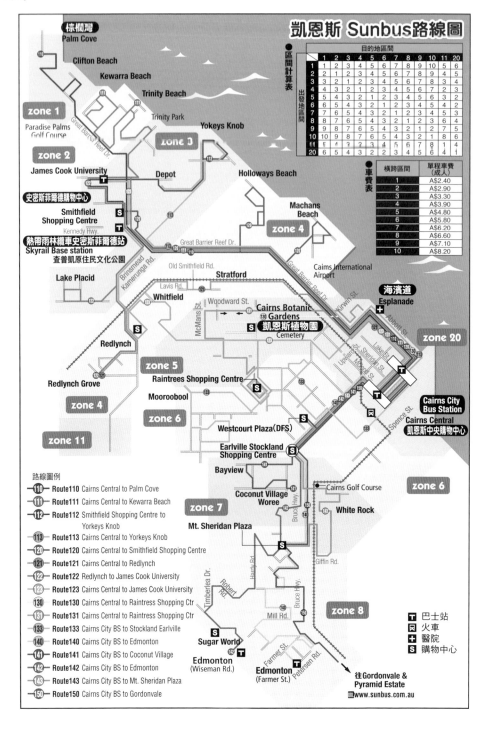

凱恩斯 Sunbus路線圖

出發地區間＼目的地區間	1	2	3	4	5	6	7	8	9	10	11	20
1	1	2	3	4	5	6	7	8	9	10	5	6
2	2	1	2	3	4	5	6	7	8	9	4	5
3	3	2	1	2	3	4	5	6	7	8	3	4
4	4	3	2	1	2	3	4	5	6	7	2	3
5	5	4	3	2	1	2	3	4	5	6	3	2
6	6	5	4	3	2	1	2	3	4	5	4	2
7	7	6	5	4	3	2	1	2	3	4	5	3
8	8	7	6	5	4	3	2	1	2	3	6	4
9	9	8	7	6	5	4	3	2	1	2	7	5
10	10	9	8	7	6	5	4	3	2	1	8	6
11	5	4	3	2	3	4	5	6	7	8	1	6
20	6	5	4	3	2	2	3	4	5	6	4	1

●區間計算表

●車費表

橫跨區間	單程車費（成人）
1	A$2.40
2	A$2.90
3	A$3.30
4	A$3.90
5	A$4.80
6	A$5.80
7	A$6.20
8	A$6.60
9	A$7.10
10	A$8.20

棕櫚灣
Palm Cove

Clifton Beach

Kewarra Beach

Trinity Beach

Trinity Park

zone 1

Paradise Palms
Golf Course

zone 2

James Cook University

史密斯菲爾德購物中心

Smithfield
Shopping Centre

Kennedy Hwy.

熱帶雨林纜車史密斯菲爾德站
Skyrail Base station

查普凱原住民文化公園

Lake Placid

Brnsmead
Kamerunga Rd.

Old Smithfield Rd.

Lavis Rd.

Whitfield

Redlynch

zone 5

Redlynch Grove

zone 4

zone 11

zone 3

Depot

Yokeys Knob

Holloways Beach

Machans
Beach

zone 4

Great Barrier Reef Dr.

Stratford

Wodward St.

Wopdward St.

McMans St.

Cairns Botanic
Gardens
凱恩斯植物園
Cemetery

Cairns International
Airport

海濱道
Esplanade

zone 20

Abbott St.

Lake St.

Upward St.
Sheridan St.

Minnie St.

Raintrees Shopping Centre

Mooroobool

zone 6

Westcourt Plaza(DFS)

Earlville Stockland
Shopping Centre

Bayview

Coconut Village
Woree

zone 7

Mt. Sheridan Plaza

Sugar World

Edmonton
(Wiseman Rd.)

Edmonton
(Farmer St.)

Spence St.

Cairns City
Bus Station

Cairns Central
凱恩斯中央購物中心

zone 6

Cairns Golf Course

White Rock

Bruce Hwy.

Robert Rd.

Hardy Rd.

Timberlea Dr.

Mill Rd.

Giffin Rd.

zone 8

Farmer St.

Petersen Rd.

往Gordonvale &
Pyramid Estate

www.sunbus.com.au

路線圖例

110	**Route110**	Cairns Central to Palm Cove
111	**Route111**	Cairns Central to Kewarra Beach
112	**Route112**	Smithfield Shopping Centre to Yorkeys Knob
113	**Route113**	Cairns Central to Yorkeys Knob
120	**Route120**	Cairns Central to Smithfield Shopping Centre
121	**Route121**	Cairns Central to Redlynch
122	**Route122**	Redlynch to James Cook University
123	**Route123**	Cairns Central to James Cook University
130	**Route130**	Cairns Central to Raintress Shopping Ctr
131	**Route131**	Cairns Central to Raintress Shopping Ctr
133	**Route133**	Cairns City BS to Stockland Earlville
140	**Route140**	Cairns City BS to Edmonton
141	**Route141**	Cairns City BS to Coconut Village
142	**Route142**	Cairns City BS to Edmonton
143	**Route143**	Cairns City BS to Mt. Sheridan Plaza
150	**Route150**	Cairns City BS to Gordonvale

T 巴士站
R 火車
+ 醫院
S 購物中心

計程車 Taxi

凱恩斯只有一間計程車公司Cairns Taxi，統一的白色車上標示出「TAXI」。不需要太長的等車時間，可以快速抵達目的地，在趕時間時非常方便。多人一起搭乘時，有時比其他交通工具來得划算。若是乘客超過5人以上，叫車時告知搭車人數，預約大型休旅計程車（Maxi Taxi）。凱恩斯地區無法隨手招車，基本上都要到湖街等地的計程車乘車區搭車。上車前要記得先確認好目的地及車資。

白色車身上印有藍色等顯眼LOGO的 Cairns Taxi ☎131008

●來搭計程車吧

1 前往計程車乘車區

路上無法隨手招車，要前往乘車區搭乘。湖街巴士站旁、礁灘鉑爾曼酒店賭場的正門口、海濱道上的麥當勞前、凱恩斯購物中心1樓正門等地皆設有計程車乘車區。從飯店預約時，告知飯店工作人員搭乘人數及目的地，飯店會幫忙預約叫車。

5人以上搭乘時，要預約大型計程車

2 上車

若不太會用英文溝通，可以將目的地的名稱及地址寫在紙上交給司機。根據澳洲交通法規，後座乘客也需繫上安全帶。

上車前請務必確認

3 付錢

隨時準備好小鈔以支付車費

抵達目的地後根據跳表金額付錢。透過電話預約需加價A\$1.50。不需要給小費，不過也可以將找零給司機作為小費。

4 下車

確認東西都有拿好後再下車。

計價方式與參考費用

起跳價為A\$2.90，之後每1km為A\$2.26。假日及週末的起跳價為A\$4.30、凌晨0點到5點的起跳價為A\$6.30。五位以上的乘客乘坐大型休旅計程車需支付50%的加成費用。另外電話叫車需加價A\$1.50。一般而言，平日的白天從凱恩斯市區坐到凱恩斯國際機場約為A\$25、到棕櫚灣約為A\$66。

凱恩斯國際機場的計程車乘車區

也可以刷卡哦！

凱恩斯市區的計程車可以使用信用卡支付。若是手上沒有現金，就刷卡吧！

租車自駕 Rent a car

不論上山下海，租車自駕可以自由遊逛凱恩斯。澳洲是右駕，道路靠左行駛，和台灣不同。一開始可能會很不習慣，也不熟悉道路狀況。不過凱恩斯是一個小城鎮，可以很快的就掌握道路方向。凱恩斯的旅遊旺季為5～10月及12月聖誕節，建議可以先在台灣預約好車輛。租車時須出示國際駕照及台灣駕照，可以先在台灣辦理好。

● 主要租車公司
可以先在台灣預約好，享受提前預約的優惠，到當地直接取車非常方便。

公司名稱	電話、營業時間、公休日	預約資訊	費用	主要車款	推薦賣點
Avis MAP P124-B1 地圖▶背面-B4	●凱恩斯市區營業處 ☎(07) 4048-0522 🕐8～17時（週六～13時、週日、假日～12時）公無休 ●凱恩斯國際機場 ☎(07) 4033-9555 🕐4時～翌1時 公無休	📱0120-31-1911(免費) 🌐www.avis-taiwan.com/	A\$60～	Hyundai i20、Toyota Tarago、Nissan Micra、Toyota RAV4等	只使用12個月以內的新車。有提供網上預約優惠
Hertz MAP P125-C2 地圖▶正面-C2	●凱恩斯市區營業處 ☎(07) 4051-6399 🕐7時30分～17時30分（週六、週日～16時30分）公無休 ●凱恩斯國際機場 ☎(07) 4035-9299 🕐4時～23時30分	📱0120-489-882(免費) 🌐www.hertz.com.au/	A\$65～	Toyota YARIS、Toyota Corolla、Toyota KLUGER、Kia Carnival等	提供多款Toyota的新車。有豐富自排車選擇
Thrifty MAP P124-B1 地圖▶正面-B1	●凱恩斯市區營業處 ☎(07) 4051-8099 🕐8時～16時30分（週六、週日）公無休 ●凱恩斯國際機場 ☎(07) 4033-9800 🕐5～24時 公無休	🌐www.thrifty.com.au/	A\$50～	Holden Cruze、Hyundai i20 & i30、Mitsubishi Pajero等	有提供網上預約優惠。也有提供高級車等豐富選擇
Budget MAP P124-B1 地圖▶背面-B4	●凱恩斯市區營業處 ☎(07) 4048-8160 🕐7時30分～17時（週六、週日～12時）公無休 ●凱恩斯國際機場 ☎(07) 4033-9700 🕐4時30分～末班班班 公無休	🌐www.budget.com.au/	A\$55～	Hyundai Getz、Holden Cruze、Toyota YARIS等	從小型車到24人座，車種豐富齊全。保險制度透明且簡單明瞭
A1 Car rentals Cairns MAP P124-B1 地圖▶背面-B4	●凱恩斯營業處 ☎(07) 4031-1326 🕐8～17時（週六、週日、假日～14時）公無休	🌐www.a1carrentalcairns.com.au/	A\$40～	Hyundai Getz、Toyota Corolla、Toyota Tarago、Jeep等	提供飯店接駁服務
Europcar MAP P125-C2 地圖▶正面-C2	●凱恩斯市區營業處 ☎(07) 4033-4800 🕐8～17時 公無休	🌐www.europcar.com.au	A\$45～	Volkswagen Golf、SUBARU OUTBACK、Audi A4同級車等	從小型車到高級車、多功能休旅車等車款豐富。一星期中的每個日子提供不同優惠
Jucy Rentals MAP P123-B3 地圖▶背面-B2	●凱恩斯營業處 ☎(07) 4051-3735 🕐9～16時（週六、週日10～14時）公無休	🌐www.jucy.com.au	A\$59～	2～4人座的露營車，車上設有廚房及車床	提供由廂型車改裝而成的露營車

主要道路標誌

停車再開　讓路　前有彎道　禁止進入　禁止迴車　可臨時停車2小時　當心袋鼠　當心動物　行人優先　禁止臨時停車區　前有圓環

●來租車吧

1 預約

在台灣

到了當地可能會出現想要的車款已經沒有空車的狀況，在台灣先預約好可以比較安心。可以透過租車公司的官網或電話預約。有時候會推出折價券或優惠方案，也可以線上申請保險。填好必填項目後，於出發一週前完成預約，並攜帶預約確認單前往當地。

在當地

可以在機場或市區的租車公司申請。租車時須出示身分證明文件及信用卡。費用於還車時支付，也可使用現金。

2 租車

抵達機場後來到預約好的租車公司櫃臺，出示預約確認單及國際駕照。可能會被要求出示台灣駕照及護照。需要以信用卡支付押金。手續完成後，與工作人員一起前往停車場，並取得車鑰匙。為了避免還車時出現紛爭，取車前要先檢查好車上有沒有碰撞刮傷或故障狀況。

加油
（自助加油站）

❶停車

加油前先確認好油箱孔的位置。將車子停到設有Petrol Station招牌的加油站旁。停車後熄火關引擎。
※凱恩斯的加油站為全自助式

❷加油

一般而言，油箱孔上會標示出適合油種，不過還是建議租車時先確認好。「UNLEADED」為92無鉛汽油。打開油箱蓋，將油槍插入油箱孔，按壓油槍握柄後開始加油。確認加油機上顯示的已加油量及金額，等到需要的量時鬆開握柄，或是等待油加滿時自動跳停。也可以先行輸入需要的油量或金額，再行加油，加到預先設定的指定油量時會自動停止。

租車費用參考

一日和一週的租金為下欄表格所示。不包含油費和自選保險費等費用。

	小型車（Economy car、Compact）	中型車（Medium）	大型車（Wagon）
1日	A$40～60	A$65～90	A$125～170
1週	A$315～400	A$450～550	A$765～850

行駛時注意事項

●速限
各省的速限不同，凱恩斯周邊的高速公路為80～100km、一般道路為50～80km、學區周邊為40km（有些地方分時段限速）。部分鄉間沒有速度限制。
●圓環
凱恩斯有很多沒有紅綠燈號誌的圓環。右側有來車時，要停車禮讓。
●可以左轉
遇到設有左轉彎專用道的路口，前方號誌為紅燈時，可以停車再開直接左轉。

❸付款

加完油後前往櫃臺，告知加油機號碼，並支付油費。也可以選擇預付，只要前往櫃臺告知需要加的油量，然後到指定的加油機加油即可。

> Can we drop off the car at the airport？
> （可以於機場還車嗎？）

3 還車

基本上需要把油加滿之後還車。若要在凱恩斯機場還車，需將車子停在租車專用停車場後，攜帶租車時的表單前往櫃臺結帳。若是還車時沒有油加滿，也需於結帳時補上油費。

安全帶

除了前座乘客，後座乘客也需繫上安全帶。昆士蘭省有規定未滿7歲以下的兒童須乘坐汽車安全座椅，若違反者需處以A$330的罰鍰。汽車安全座椅可以向租車公司借，可於預約時申請。

※部分租車公司對於21～24歲的駕駛有租用車款的限制，或是需要加價。詳細請洽詢各租車公司。

租借自行車) Rent a Cycle

不怕塞車也不用加油！騎著自行車可以縮短許多移動時間，有效率的遊逛市區。遵守交通規則，來享受一趟舒爽宜人的兜風之旅吧。

● 租借自行車

凱恩斯市區內有多間自行車租借店

1 預約

可以透過電話向當地的自行車租借店預約。因為自行車數輛充足，也可以直接到租借店租借。

2 租借

租借時需要出示信用卡以支付押金，要記得攜帶。取車時，要記得確認車況、及車鎖等查看有無故障狀況。還有不要忘了租借安全帽。

澳洲的自行車多半沒有置物籃。建議攜帶不需要手提的雙肩包或單肩包。安全至上！

3 還車

在指定時間內將自行車還到租借的店裡。

車道左側以白線劃分出自行車專用道，並標示出自行車的圖示。

● 主要自行車租借店

名稱	資訊	位置
Cairns Scooter & Bicycle Hire	☎(07)4031-3444　⏰9～17時　📅無休　💰1天A$25（24小時）、1週A$65　MAP P124-B2 地圖▶正面-A2	位於凱恩斯中央購物中心附近。全車型都有附車鎖及安全帽。
Adventure Travel Specialists	☎(07)4040-2720　⏰8時30分～19時30分　📅無休　💰半天（4小時）A$20、1天（24小時）A$30　MAP P124-B3 地圖▶正面-B3	可於GILLIGAN'S BACKPACKERS AND RESORT門口的旅行社櫃臺租借。提供適合女性的寬坐墊和高把手自行車。

騎乘自行車的注意事項

1.左側通行
在大條道路上，車道和人行道之間有以白線劃分出的自行車專用道，記得一定要走自行車專用道。沒有自行車專用道的路段，請行走於車道最左側。

2.務必戴上安全帽
澳洲有強制規定騎乘自行車時要戴上安全帽。若是沒有戴安全帽會被開立罰單，處以罰緩。

3.停車再開
如遇紅燈、STOP標誌、GIVE AWAY標誌（禮讓來車）且有來車時、鐵路柵欄落下時、救護車等緊急車輛通過時，都一定要記得先行停車。

4.進入圓環時
圓環內為右側車輛優先，順時針行駛。進入圓環後若是右方有來車，要先禮讓匯入車輛。原則上汽車是從右線車道進入圓環內，不過自行車在兩線道的圓環要切往右側時，可以從右線道直接右轉。要記得邊打右轉手勢邊轉彎。

5.轉彎時的手勢
左轉時要在至少30m前，以左手直向下垂伸，告知後方車輛。右轉時要先確認好前後車況，將右手彎曲90度向下垂伸。

6.停車時要記得上鎖
凱恩斯市區常有自行車被偷。就算只離開一下下也要記得停在停車場，或是將自行車固定在柱子等固定物體的旁邊並上鎖。

美食

作為世界知名的觀光勝地，擁有現代澳洲菜和各國美食，種類豐富。日本料理也有極高水準。新鮮的生蠔和龍蝦、袋鼠肉、鱷魚肉等珍貴罕見的肉類菜色也很值得一嘗。

在P14也有介紹澳洲美食♪

內灣周邊　MAP P125-D2 地圖▶正面·D2

M Yogo

出自於日本主廚之手
表現出精湛廚藝的法國菜

由獲獎無數的余語主廚所經營的人氣餐廳，深受當地歡迎。使用從澳洲各地進貨的海鮮和肉質柔嫩的穀飼牛等精選食材製作美味的法國菜。也有提供單點菜色，若想要品嘗主廚的不同手藝則建議選擇套餐或全餐。味道優雅不甜膩的甜點也是必吃美食。

↑A$30的午間套餐

→室內座位可以眺望到遊艇內灣

DATA
図Cairns City Bus Station步行10分
住位於The Pier at the Marina(→P53)內
☎(07)4051-0522 時11時30分～17時、17時30分～21時(下午茶時段為14時30分～17時) 休無休 金A$16.90～晚A$40～

內灣周邊　MAP P125-D2 地圖▶正面·D2

Waterbar & Grill

對於澳洲牛的美味忍不住脫帽致敬

碳火燒烤當地牛肉，對食材充滿自信所以調理以簡單為主。可以品嘗到澳洲牛的鮮美。牛小排A$55。

DATA
図Cairns City Bus Station步行10分
住位於The Pier at the Marina(→P53)內 ☎(07)4031-1199
時11時30分～16時、17時30分～22時 休無休 金午A$16～晚A$25～

內灣周邊　MAP P125-D2 地圖▶正面·D2

Salt House

碼頭旁的人氣餐廳

面海的餐廳＆酒吧，高雅的氛圍很受歡迎。提供拿手的現代澳洲菜，有多樣的肉類及海鮮選擇。

DATA
図Cairns City Bus Station步行8分
住Marina Point, 6/2 Pier Point Rd. ☎(07)4041-7733 時12～24時(週一～翌2時、週六、日7時～翌2時) 休無休 金午A$22～、晚A$30～

內灣周邊　MAP P125-D3 地圖▶正面·D3

North Bar&Kitchen

一邊眺望碼頭一邊享用晚餐

位於海濱的寬敞餐廳。提供充滿創意的單點菜色。上午供應自助式早餐A$30。全餐的主菜為鮮蝦、螃蟹、生蠔等豐盛海鮮塔A$130，分量十足，很有人氣。

→在眺望海景的寬敞店內，優雅的享受美食

↑也有提供各式各樣的燒烤菜色

DATA
図Cairns City Bus Station步行10分 住H位於凱恩斯香格里拉大酒店(→P26)內
☎(07)4052-7670 時6時～10時30分、12～15時、17時30分～21時30分(週五、六~22時) 休無休 金午A$5～午A$12～晚A$18～

內灣周邊　MAP P125-C3 地圖▶正面·C3

Tamarind

亞洲香料獨領風騷
品嘗新穎的創作菜色

礁灘鉑爾曼酒店賭場內的主要餐廳。獲獎無數，在老饕之間也廣受好評。以泰國菜為基底的亞洲口味，融合澳洲當地食材，製作出新穎的創作菜色。以味噌、醬油、香蕉、荔枝調製醬料等，提供大膽嶄新的美食。特別推薦四種前菜組合(1人份)A$23。

↑酥脆的尖吻鱸魚佐香蒜辣醬
→低調沉穩的店內

DATA
図Cairns City Bus Station步行8分
住H礁灘鉑爾曼酒店賭場(→P27)內
☎(07)4030-8897 時18時～21時30分
休無休 金晚A$32～

需事先訂位　有著裝規定　有執照

內灣周邊 MAP P125-D3 地圖 正面-D3

Al Porto Cafe

咖啡廳的紅色遮陽傘很好認

就位於遊覽船乘船場前，很適合等船時前往享用美食。100%澳洲牛漢堡A$15.90和鬆餅都很有人氣。

DATA
🚇Cairns City Bus Station步行9分
🏠1 Spence St.、凱恩斯大堡礁遊艇碼頭旁 📞(07)4031-6222 ⏰6時30分～14時30分 🈵無休 💰A$9～

海濱道 MAP P125-C2 地圖 正面-C1

Bavarian Beerhouse

品嚐凱恩斯唯一的正統德國菜

位於熱鬧的海濱道。提供10種德國生啤酒，可以免費試喝後再決定要點哪一種口味。提供適合下酒的煙燻腸和蝴蝶脆餅、德式炸肉排等招牌德國菜。將豬腳煎到香脆後，再花3小時燉煮的超大德國豬腳A$38很有人氣。另有提供兒童餐A$10。

↑超大德國豬腳搭配馬鈴薯泥及酸奶油脆薯
→藍色招牌非常好認

DATA
🚇Cairns City Bus Station步行5分
🏠77 The Esplanade 📞(07)4041-1551
⏰11～22時（酒吧～24時） 🈵無休
💰午A$14～晚A$24～

內灣周邊 MAP P125-C3 地圖 正面-C3

Café China

提供豐富的餐點選擇

位於飯店內的高級廣東＆北京菜。餐點選擇豐富，招牌為鮑魚涮涮鍋（時價）。午間推出的港式飲茶很受歡迎。

DATA
🚇Cairns City Bus Station步行8分
🏠H礁灘鉑爾曼酒店賭場（→P27）內 📞(07)4041-2828 ⏰11時～14時15分、17時～21時15分 🈵假日上午 💰午A$20～晚A$24.50～

海濱道 MAP P125-C2 地圖 正面-C2

Spicy Bite

澳洲風味的咖哩

以袋鼠肉、鱷魚肉等肉類，加上20種以上的香料燉煮而成，充滿澳洲風味的咖哩頗受好評。可以調整辣度，餐點都有提供外帶。還有兒童餐A$9.90～。

DATA
🚇Cairns City Bus Station步行4分
🏠Shop6/53 The Esplanade
📞(07)4041-3700 ⏰17～22時
🈵無休 💰A$14.50～

海濱道 MAP P125-C1 地圖 正面-C1

Barnacle Bill's Seafood Inn

長年受到愛戴的餐廳

提供生蠔、尖吻鱸魚等新鮮海鮮菜色，以及細緻的服務而廣受好評。擁有30年以上的歷史，回流客很多，建議提前預約。

DATA
🚇Cairns City Bus Station步行8分
🏠103 The Esplanade
📞(07)4051-2241 ⏰11時30分～14時30分LO、17時～21時30分LO
🈵無休 💰午A$18.90～晚A$28～

凱恩斯市中心 MAP P124-B2 地圖 正面-B2

Ochre Restaurant

由提供獨創菜色的Craig主廚所經營

使用當地新鮮食材製作澳洲原住民傳統菜色，並加以調整以現代創意菜色的方式呈現，很受當地歡迎。提供袋鼠肉、澳洲鴕鳥肉、鱷魚肉等在台灣少見的肉類餐點綜合拼盤Game Platter A$52（點餐需2人份以上）十分推薦。匯集了凱恩斯新鮮海鮮的Seafood Platter A$70（點餐需2人份以上），可以品嘗到豐盛的海鮮菜色。

↑碳烤袋鼠腰脊肉，肉汁充足比想像中還鮮美 →位於凱恩斯站附近交通方便

DATA
🚇Cairns City Bus Station步行4分
🏠43 Shields St. 📞(07)4051-0100 ⏰11時30分～15時（午間僅營業週一～五）、17時30分～21時30分 🈵無休 💰午A$18～晚A$35～

海濱道 MAP P125-C3 地圖 正面-C3

Bushfire Flame Grill

巴西風味的BBQ

使用澳洲精選牛肉及海鮮的巴西碳火烤肉，搭配特製醬汁及香料。提供無限量供應的薯條及沙拉A$50。

DATA
🚇Cairns City Bus Station步行5分
🏠H位於凱恩斯太平洋酒店（→P59）內 📞(07)4044-1879
⏰17時30分～21時 🈵無休
💰A$39.95～

海濱道 MAP P125-C1 地圖 正面-C1

Raw Prawn

從水槽撈起後直接調理

特別推薦龍蝦和螃蟹的生魚片、熱海鮮拼盤，食材非常新鮮。提供帶有濃厚亞洲風味的現代澳洲菜，在當地很受當地歡迎。

DATA
🚌Cairns City Bus Station步行7分
🏠101 The Esplanade ☎(07)4031-5400 🕐11時30分～16時、17～22時 休無休 💰午A$24.50～晚A$23.90～

凱恩斯市中心 MAP P125-C2 地圖 正面-C2

Perrotta's at the Gallery

讓人印象深刻的木板露台

提供義大利麵、排餐等道地義大利菜的開放式餐廳。在街上散步遊逛時也很適合來喝杯咖啡。

DATA
🚌Cairns City Bus Station步行2分
🏠位於Cairns Regional Art Gallery（→P63）內 ☎(07)4051-5899 🕐6時30分～22時 休無休 💰早A$6～午A$15～晚A$15～

凱恩斯市中心 MAP P124-B2 地圖 正面-B2

Fetta's Greek Restaurant

可以品嘗到正宗希臘菜

提供中東蔬菜球（油炸鷹嘴豆餅）等希臘菜。週五、六的晚上9點會有肚皮舞演出及摔盤子傳統活動。

DATA
🚌Cairns City Bus Station步行3分
🏠99 Grafton St. ☎(07)4051-6966 🕐11時30分～14時30分、17時30分～22時30分 休週六中午、週日 💰套餐A$35～（2人份起）

凱恩斯市中心 MAP P125-C1 地圖 正面-C1

Bobby's Restaurant

以澳洲當地食材結合越南、中國特色的創意菜色

物美價廉的人氣餐廳。添加香菜等香料以及獨特酸甜醬料製作的越式新鮮自製沙拉佐碳烤明蝦A$15.90，除了明蝦之外也可以選擇豬肉餅或醃漬雞搭配沙拉。特別推薦佐上薑蔥或香蒜辣醬的現撈活泥蟹（時價）。

↑越式沙拉上鋪滿彈牙的明蝦
→泥蟹搭配雞蛋麵一起享用

DATA
🚌Cairns City Bus Station步行5分
🏠5 Aplin St. ☎(07)4051-8877 🕐10時30分～22時 休無休 💰午A$11～晚A$22～

凱恩斯市中心 MAP P125-C2 地圖 正面-C2

Korea Korea

便宜、快速、美味的超人氣餐廳

全天候供應的超人氣韓國菜餐廳。自製泡菜和辣醬都分開盛裝，兒童也能放心享用。石鍋拌飯A$14.95。

DATA
🚌Cairns City Bus Station步行2分
🏠位於Orchid Plaza（→P54）2F ☎(07)4031-6655 🕐11～16時（週六、日、假日12時～）、18～21時 休無休 💰午晚A$10.80～

凱恩斯市中心 MAP P125-C1 地圖 正面-C1

祭
Matsuri

受到當地喜愛的日本菜色

活潑明朗的店內環境，提供壽司、定食、麵食等日本料理。自製醬料和沾醬都十分美味，擁有極高的評價。

DATA
🚌Cairns City Bus Station步行3分
🏠62-61 Abbott St. ☎(07)4031-0271 🕐12時～14時30分、17時30分～21時30分（週六17時30分～）休無休 💰午A$15～

凱恩斯市中心 MAP P125-C3 地圖 正面-C3

Ganbaranba

用心講究的博多拉麵

使用塔斯馬尼亞省產麵粉製作的拉麵，配上美味的豬骨高湯，在澳洲重現博多拉麵的風味。還有提供雞骨高湯醬油拉麵、鹽味拉麵及冷麵。拉麵A$9.60～。

DATA
🚌Cairns City Bus Station步行3分
🏠Shop12/ 12-20 Spence St. ☎(07)4031-2522 🕐11時30分～14時30分、17時～20時30分 休無休 💰午晚A$9.60～

北凱恩斯 MAP P123-B3 地圖 背面-C1

Coral Hedge Brasserie

來飯店享用自助式美食大快朵頤一番

大量使用澳洲食材的人氣飯店晚餐。主餐的牛排及海鮮是現場烹調的，非常新鮮。

DATA
🚌Cairns City Bus Station步行15分
🏠H位於凱恩斯里吉斯濱海度假村（→P59）內 ☎(07)4031-2211 🕐6～10時、12～14時、18～21時 休無休 💰晚A$55

融合各國菜色特色的現代澳洲菜近年來有許多超高水準的表現，將澳洲菜色一口氣提升了好幾個層級。覺得「澳洲菜不好吃」的遊客可以嘗試看看現代澳洲菜色。

購物

凱恩斯雖然是小城鎮，但也擁有購物中心和免稅店，很適合前來逛街購物。不要錯過許多在台灣擁有高人氣的澳洲品牌，包含服飾、藥妝及食品等。還有充滿特色的生活雜貨也很適合選作伴手禮。

在P16也有介紹購物天堂♪

凱恩斯站周邊　**MAP** 地圖▶正面·A2 P124-A2

凱恩斯中央購物中心
Cairns Central

凱恩斯規模最大的購物天堂

與凱恩斯車站連通的大型購物中心，當地人也時常前往購物。大門位於麥克勞德街與希爾德斯街的交叉路口，從大門進入後可以看到于花板挑高的開闊空間。購物中心共有兩層樓。包含澳洲品牌的人氣商店、販售生活用品及食品的超市、電影院、美食街等約有180間商店皆匯集於此。

↑大門口。離海邊有一點距離　↑美食街有中國菜及泰國菜等選擇

DATA
🚌Cairns City Bus Station步行7分
🏠Cnr Mcleod/Spence St.　📞(07)4041-4111(代)　🕐9時～17時30分（週四～21時、週日10時30分～16時。視店舖而異，電影院營業到晚上）　休無休

凱恩斯站周邊　**MAP** 地圖▶正面·A2 P124-A2

Splish Splash

時尚泳裝專賣店

販售澳洲及紐西蘭的人氣泳裝品牌。兩截式泳裝的上下是分開販售，可以挑選到最適合自己的尺寸。

DATA
📞(07)4041-1755　🏠位於凱恩斯中央購物中心（→P52）內
其他資訊準同凱恩斯中央購物中心

凱恩斯站周邊　**MAP** 地圖▶正面·A2 P124-A2

Myer

澳洲人所熟知的老牌百貨公司

Myer在全澳洲都有分店，是澳洲最大的連鎖百貨公司。在凱恩斯中央購物中心中也設有分店，位於1F及2F，是凱恩斯中央購物中心裡面規模最大的店鋪。1F為男女裝、配飾、化妝品等。有一些台灣沒有的化妝品品牌，可以來逛逛。2F主要為家飾品、廚房用品及童裝等。

↑老牌百貨公司販售優質商品　↑有一個直接對外的出入口

DATA
📞(07)4044-7700　🏠位於凱恩斯中央購物中心（→P52）內　其他資訊準同凱恩斯中央購物中心

凱恩斯站周邊　**MAP** 地圖▶正面·A2 P124-A2

Australian Geographic

以自然為主題的生活雜貨店

澳洲《國家地理雜誌》的官方商店。主要販售自然和科學的相關商品，以及澳洲原住民圖騰的生活雜貨和回力鏢。整間店都充滿特色。

DATA
🏠位於凱恩斯中央購物中心（→P52）內　📞(07)4051-4517
其他資訊準同凱恩斯中央購物中心

凱恩斯站周邊　**MAP** 地圖▶正面·A2 P124-A2

Smiggle

流行文具大集合

五顏六色的個性文具很有人氣。機能優越的文具和飾品也很適合作為伴手禮。英文字母的鑰匙圈A$7.95～。

DATA
📞(07)4041-0908　🏠位於凱恩斯中央購物中心（→P52）內
其他資訊準同凱恩斯中央購物中心

內灣周邊　**MAP** 地圖▶正面·C4 P125-C4

Chibnalls

原創設計的飾品

擁有自家工作室，商品琳瑯滿目的珠寶店。飾品上鑲有澳洲出產的寶石，製作出獨一無二的原創飾品。粉鑽墜子A$200～。也有提供訂做珠寶。

DATA
🚌Cairns City Bus Station步行10分　🏠位於凱恩斯希爾頓酒店（→P27）內　📞(07)4051-5124
🕐10～18時（週六～14時）　休週日

內灣周邊 MAP 地圖▶正面-D2 P125-D2

The Pier at the Marina

時髦的商品雲集

最適合度假遊客的商店都可以在這裡找到，充滿開闊空間感的海邊購物中心。設有餐廳及咖啡廳，逛街散步後也可以來稍作休息。

DATA
Cairns City Bus Station步行10分　Pier Point Rd.
(07)4051-7244　7時～深夜（視店鋪而異）　無休（視店鋪而異）

海濱道 MAP 地圖▶正面-C2 P125-C2

The Australian Leather Company

來專賣店選購可以穿好多年的UGG優質雪靴

除了使用澳洲高級羊皮的UGG雪靴外，還有販售鱷魚皮、袋鼠皮的皮革飾品、雜貨等，是一間皮革製品專賣店。店長特別推薦UGG雪靴系列，雖然價格稍高，但觸感良好的高級皮革穿起來更加舒適，買一雙可以穿好多年，因而深受店評。來這裡逛街一定要和店裡的超人氣大袋鼠來一張紀念照。

▲高級羊皮靴擁有良好觸感及絕佳保暖功能
・位於海濱道上

DATA
Cairns City Bus Station步行4分
Shop9/53-57 The Esplanade
(07)4051-6711　12～22時　無休

海濱道 MAP 地圖▶正面-C2 P125-C2

by the Sea

人氣品牌及美妝品全部網羅

受到大家喜愛的UGG和EMU的官方代理店，商品以過季商品為主。說不定在這裡可以找到稀有的款式！也有販售豐富的AUS有機保養品。

DATA
Cairns City Bus Station步行4分
Shop 8B, 53 The Esplanade
(07)4041-7406　12～21時（週日14時～）　無休

凱恩斯市中心 MAP 地圖▶正面-C3 P125-C3

DFS Galleria Cairns

店內重新改裝
擁有最齊全的精品品牌

擁有凱恩斯地區規模最大的Gucci包包賣場，以及Fendi、Coach、Loewe、Burberry、Louis Vuitton、Salvatore Ferragamo等高級精品品牌。還有販售Hermès、Bulgari、Omega等名表，以及Lancôme、Chanel的化妝品。在這裡也可以找到DFS原創品牌的食品和澳洲葡萄酒等伴手禮。

▲位於礁灘鉑爾曼酒店賭場對面
▲2F的化妝品樓層商品種類豐富

DATA
Cairns City Bus Station步行3分　Cnr. Abbott & Spence Sts.　(07)4031-2446
12～20時（週四～週六～21時）　無休

凱恩斯市中心 MAP 地圖▶正面-C2 P125-C2

Bico

超人氣珠寶品牌

現在炙手可熱的澳洲珠寶品牌。樣式豐富，還有凱恩斯限定款等都能以折扣價購買。墜子A$9.75～。

DATA
Cairns City Bus Station步行4分
ShopA/36 Abbott St.
(07)4052-1037
11時30分～21時30分　無休

備受注目的澳洲品牌

若想要購買澳洲特有的商品，就不可錯過澳洲品牌。HELEN KAMINSKI的帽子和UGG羊皮靴等經典商品雖然在台灣也買得到，但在當地購買不僅款式豐富，價格更是比台灣優惠，非常吸引人。澳洲從以前就很追捧樂活主義，有機產品的品質水準在全世界算得上是數一數二。想要購買有機食品，可以認明澳洲規模最大的認證機構「AUSTRALIAN CERTIFIED ORGANIC」認證標章。茱莉蔻等天然保養品也非常受歡迎。

◀標有認證標章的有機咖啡 A$10.50。可於超市等地購得

◀100％天然的兒童洗髮精 A$20.95（Pouch→P55）

◀溫和不刺激的茱莉蔻卸妝乳液 A$45（Fujii Store→P55）

當地人常去的超市及藥妝店裡面充滿許多獨具特色的伴手禮，並且能以實惠的價格購買到當地品牌的服飾、美妝品、食品。當然還有近來流行的招牌伴手禮TimTam巧克力。

凱恩斯市中心 MAP P125-C2 地圖▶正面-C2

Orchid Plaza

地理位置絕佳的商店街

位於凱恩斯市中心的購物中心。地理位置良好，於市區漫步途中可以順道造訪。1F有保健食品和蜂蜜專賣店、澳洲美妝品店、流行服飾等，也很適合來此選購伴手禮。2F有亞洲食品專賣店、日本料理、韓國餐廳以及小型美食街。

→可以稍作休息的美食街

↑連接艾博街和湖街

DATA
🚌Cairns City Bus Station步行2分
🏠79-87 Abbott & Lake Sts.
📞(07)4044-1111
🕐視店鋪而異
🈳無休

凱恩斯市中心 MAP P125-C3 地圖▶正面-C3

Under Art Gallery

喜歡工藝品的人不能錯過的藝廊

於2009年開業，展示並販售當地藝術家的作品。除了畫作，還有珍珠、銀飾等珠寶、手繪陶器、炫麗多彩的澳洲原住民畫作等獨一無二的原創作品。顏色繽紛的磁磚藝品A$35～45、純銀墜子A$18～等，販售很多實惠的小配件，可以輕鬆選購。

↑不要錯過澳洲原住民藝術品

→蘭花飾品 A$29～。磁磚時鐘A$75～250

DATA
🚌Cairns City Bus Station步行5分
🏠Shop4, 12Spence St.　📞(07)4051-3888
🕐9時30分～19時30分　🈳無休

凱恩斯市中心 MAP P125-C3 地圖▶正面-B3

Canterbury of Cairns

人氣橄欖球衣品牌羽絨衣也非常推薦

於1904年成立的橄欖球衣品牌，販售澳洲代表隊「袋鼠隊」及其他球隊的球衣，受到廣泛客層的喜愛。還有球衣、運動服、Polo衫、運動包等讓休閒裝扮增添更多時尚。使用優質棉製作，衣服耐穿舒適。T-shirt A$29.95～。也不要錯過了限定款商品。

↑除了男裝，也有販售女裝及童裝
→女性Polo衫款式豐富。圖中商品為A$79.95

DATA
🚌Cairns City Bus Station步行3分　🏠Cnr. Lake & Spence Sts.　📞(07)4031-4783　🕐9～21時(週六～19時、週日10～17時)　🈳無休

凱恩斯市中心 MAP P125-C3 地圖▶正面-C3

Honeyland

想要買蜂蜜就來這裡

販售澳洲及紐西蘭產的麥蘆卡蜂蜜及蜂膠等保健食品。還有百分百天然的香皂等商品。蜂蜜A$12／500g～。

DATA
🚌Cairns City Bus Station步行2分
🏠Shop12, 14Spence St.
📞(07)4051-5561　🕐11～19時(週日、假日為12時～)　🈳無休

凱恩斯市中心 MAP P125-C3 地圖▶正面-C3

Regency

找尋屬於自己獨一無二的光芒

位於Orchid Plaza旁，由家族經營的珠寶店。特別是蛋白石從開採到加工都非常講究，提供高品質珠寶。蛋白石A$15～、南洋珍珠A$875～。

DATA
🚌Cairns City Bus Station步行2分
🏠75-77 Abbott St.
📞(07)4031-2924　🕐10時～21時30分(週日為17時～)　🈳無休

認識蛋白石

●蛋白石是什麼?
外型貌似化石，但實際上是矽酸的結晶。容於水中的矽酸經過長時間的沈澱後，會以規則的排列結晶。

●蛋白石的種類有哪些?
澳洲的蛋白石可以大致分為白色蛋白石、黑色蛋白石和鐵礦石蛋白石三種。其中以黑蛋白石最為珍貴。

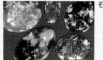

←色澤美麗的黑蛋白石

凱恩斯市中心 MAP P125-C3 地圖▶正面-C3

OK Gift Shop

熱門伴手禮種類齊全的綜合禮品店

由日本知名藝人大橋巨泉所經營,以齊全的商品成為業界最受歡迎的名店。從袋鼠肉乾、澳洲堅果等食品,到保養品、珠寶、當地限定款吊飾,店內的澳洲熱門伴手禮琳瑯滿目。當然也不能錯過澳洲品牌UGG雪靴、包包等。OK Gift Shop原創商品倒立無尾熊也很受歡迎。

↑位於艾博街與斯賓塞街交叉口
→倒立無尾熊的胸章A$2.50共有10個圖案,很有人氣

DATA
🚌Cairns City Bus Station步行5分
🏠61 Abbott St.　📞(07)4031-6144
🕐9～21時　無休

Rusty's Market

每個週末舉辦的知名市集Rusty's Market,設有180個以上的攤子。販售當地蔬果等農產品、手工生活雜貨、果汁、現做熟食等豐富產品。可以貼近當地人的生活,一窺在觀光景點看不到的真實樣貌,因此吸引很多觀光客造訪。活動時間週五、六的5～18時、週日的5～14時。(MAP P124-B3、地圖▶正面-B3)

便宜又美味的水果

凱恩斯市中心 MAP P125-C2 地圖▶正面-C2

Red Ginger

度假風格的休閒時尚

販售最適合南國度假風情的迷你裙及坦克背心等少女風格的可愛休閒服飾。ENVIROSAX環保袋A$10,也是伴手禮的好選擇。

DATA
🚌Cairns City Bus Station步行即到　🏠10A Shields St.
📞(07)4041-5889　🕐10～20時(週日12～18時)　無休

凱恩斯市中心 MAP P125-C3 地圖▶正面-C3

Pouch

高格調商品雲集的選貨店

以凱恩斯為主,販售從澳洲各地蒐羅而來的高格調商品。有機保養品、以自然素材製成的香皂、手作小物、咖啡、巧克力等,大多數商品皆從生產者直接進貨,有許多只有這裡買得到的商品。每件商品都能感受到生產者的心意。許多商品的包裝也洗練優雅,就算只是隨意逛逛也很有趣。

↑能找到特別一點的澳洲伴手禮
→凱恩斯產椰子油A$19～

DATA
🚌Cairns City Bus Station步行5分
🏠20 Lake St.(Village Lane裡)　📞(07)4028-3670　🕐11時～18時30分
🕐週六、日、假日

凱恩斯市中心 MAP P125-C3 地圖▶正面-C3

Fujii Store

來這裡一網打盡最新的澳洲品牌

從流行服飾到美妝品,將澳洲人氣品牌全都匯集於此。販售凱恩斯其他地區買不到的HELEN KAMINSKI系列商品,以及很有人氣的Crumpler包包、澳洲美妝品牌代表茉莉蔻和Mor的保養品等,最尖端的流行時尚都可以在這裡找到。喜歡流行商品的話,不要忘記前來逛一逛。

↑位於斯賓塞街上
→販售許多HELEN KAMINSKI的新款。圖中帽子為A$90～。

DATA
🚌Cairns City Bus Station步行5分
🏠13A Spence St.　📞(07)4041-0554
🕐9～21時(週日為10時～)　無休

凱恩斯郊區 MAP P122-B2

Smithfield Shopping Centre

受到當地人喜愛的大型購物中心

凱恩斯郊區的最大規模購物中心。設有豐富的商店及美食街。對於住在公寓型酒店的旅客來說非常方便,應有盡有什麼都可以買到。

DATA
🚌凱恩斯市區車程15分　🏠Cnr. Captain Cook & Kennedy Hwy.
📞(07)4038-1006　🕐9時～17時30分(週四～20時、週六～16時、週日10時30分～16時)　無休

凱恩斯 必買商品

來到凱恩斯有什麼是一定要買的呢？以下精選了一些在旅途中馬上可以用到以及可以帶回去當伴手禮的商品。全都可以在超市或藥妝店（請參閱P57的A～C）以A$10左右的價格買到。大買特買把行李箱都裝滿，通通帶回去吧！

生活雜貨＆護膚保養

在大自然下的戶外活動時可以保護肌膚的商品，以及適合帶回國送人的伴手禮。澳洲製造的優質商品就在這裡。

⬆Blistex護唇膏
A$4.00
Blistex護唇膏從條狀到罐狀都有，種類豐富。圖中護唇膏具有SPF20防曬功能，可以有效阻隔紫外線…C

➡牙刷架
A$3.99/4個
色彩繽紛的臉型牙刷架，適合送給不喜歡刷牙的小朋友，讓刷牙時間增添樂趣…A

⬅兒童用牙刷
A$3.50
動物頭部是牙刷頭套，身體部分是牙刷的把手，可愛的動物牙刷讓刷牙變得更開心有趣…B

➡SPF50防曬噴霧
A$17.50/110㎖
在日曬強烈的凱恩斯，一定要做好防曬。只要準備好這一瓶，就可以安心盡情享受戶外活動啦！…A

⬅Thursday Plantation茶樹精油
A$7.50/15㎖
具有超強殺菌力，對於蚊蟲咬傷、青春痘、舒緩鼻塞等都相當有效的萬用藥…C

⬅QV乾燥肌用乳液 家庭號 A$8.95/100g
澳洲藥劑師推薦的純天然護膚品牌QV。敏感性肌膚也能安心使用的乾燥肌用乳液…C

⬆LEMSIP感冒熱飲
A$10.50～/1盒
澳洲當地人常用的感冒藥。以熱水沖泡後飲用，喝起來像熱檸檬水的味道。一盒內有10袋…A B

⬅廚房清潔刷 A$4.69
用來洗大鍋子及碗盆時非常好用的清潔刷。可以送給愛乾淨愛打掃的朋友…B

⬅Dora OK繃 20片裝/A$2.60
印有愛探險的Dora圖案的OK繃20片裝…A

➡園藝手套
A$5.23
圖案可愛的園藝手套。很適合買來送給喜愛園藝的媽媽！…B

來買凱恩斯限定伴手禮！

難得來到凱恩斯，當然想買一些當地的限定商品。一整年氣候溫暖的凱恩斯，盛產芒果等熱帶水果，以及位於凱恩斯郊區的馬利巴出產的咖啡、堅果類食品都是具代表性的凱恩斯特產。還有以熱帶雨林動物為主題的相關商品。都可以在超市等地購買。

⬅凱恩斯郊區的馬利巴出產的濃縮咖啡用咖啡豆A$8.19是凱恩斯限定的特產伴手禮

⬅芒果葡萄酒A$19.99充滿水果風味，留香，讓人齒頰⋯

 我想要找〇〇
I'm looking for a 〇〇.

 請問多少錢？
How much?

食品

從大家都喜歡的熱門伴手禮零食到健康取向的有機食品，不管是包裝還是味道都一級棒。如果看到不要猶豫，馬上結帳吧！

↑TimTam巧克力
A\$3.50/200g
巧克力夾心餅乾TimTam是澳洲最熱門的伴手禮。圖中上到下分別為原味、焦糖及雙層夾心口味，其中以原味最受歡迎！…Ⓐ Ⓑ

↑Cadbury吉百利巧克力 A\$1.05/40g
焦糖巧克力夾心的無尾熊造型巧克力，還有青蛙包裝巧克力。…Ⓐ Ⓑ

← nudie果汁
A\$3.15/250ml
添加3～4種蔬菜水果的綜合果汁，呈現100%的天然原味。二頭身的吉祥物是該品牌商標…Ⓐ Ⓑ

↑Be Natural發養棒
A\$5.00/192g6條
結合水果、堅果、燕麥、穀物四種營養成分的天然食品。含有豐富膳食纖維…Ⓐ

↓Coles點心包
A\$3.10/6小包
一包裡面有三片蘇打餅乾及起司沾醬…Ⓑ

↑Red Rock Deli洋芋片 A\$4.30/185g
黑胡椒萊姆口味帶有一股萊姆酸的成熟風味…Ⓐ Ⓑ

↑Thinkfood Munch
A\$5.50/140g
將低溫烘烤過的堅果裹上甘蔗汁而成的點心…Ⓐ

↑Natural Confectionery軟糖 A\$4/180g
裹上一層細砂糖的軟糖香甜多汁，口味非常豐富…Ⓐ Ⓑ

→咕嚕嚕神奇吸管 A\$2.19/1袋
只要將神奇吸管插進冰牛奶中就可以品嘗到各種口味的牛奶…Ⓑ

購物時要記得攜帶環保袋

凱恩斯地區具有極高的環保意識，當地人購物時，都會自行準備好「環保袋」、「購物袋」。超市裡也有販售各家原創的環保袋，環保袋堅固耐用，回到台灣之後也可以繼續使用。

◀側面印有LOGO的Coles超市環保袋A\$0.99，還有保冷袋

▶Woolworths超市的環保袋A\$0.99，軟式雙層

發現超特別的零食!!

UNCLE TOBYS的ROLL-UPS（A\$3.99 / 94g）是以天然水果製作的捲狀健康零食。打開包裝之後會看到一捲顏色奇怪的物體！如照片所示，一邊拉開薄紙一邊使用。澳洲的小朋友會吃這個零食補充水果養分。將果汁濃縮後呈現豐郁果香，口感像軟糖一樣。不妨和朋友分享一下這個新奇的零食！

商店資訊

A Woolworths
MAP P125-C2 地圖 正面-C2
和Coles超市並列的大型超級市場。以價格實惠為其賣點，時常推出折扣。凱恩斯店位於市中心，交通方便也是魅力之一。

DATA 　Cairns City Bus Station步行即到　103 Abbott St.　(07)4051-2015　8～21時（週日9時～）　無休

B Coles Cairns Central
MAP P124-A2 地圖 正面-A2
寬敞的店內商品琳瑯滿目，從食品到日用品應有盡有。早餐穀片和蘇打餅乾等天然食品不管是包裝還是味道都非常棒，值得購買。

DATA 　Cairns City Bus Station步行7分　位於凱恩斯購物中心（→P52）　(07)4040-7400　8～21時（週六～17時30分、週日9～21時）　無休

C Alive Discount Pharmacy
MAP P125-B2 地圖 正面-C2
位於凱恩斯交通樞紐Cairns City Bus Station旁。商品排列整齊，店內寬敞舒適。認明橘色的V字招牌就對了。

DATA 　Cairns City Bus Station步行即到　186 Lake St.　(07)4051-2137　8～17時30分（週六9～16時）　週日、假日

♪ 我要買這個
I'd like to take this.

♪ 我只是隨便看看
I'm just looking .

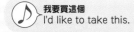
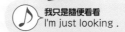

夜市 *Night Markets*

約有50間店鋪匯集，販售澳洲名產及生活雜貨等特色商品。還有很多便宜的小配件，在這裡可以買到很棒的伴手禮。當地治安良好，每天傍晚一直營業到晚上，不妨於晚餐過後悠哉地前去逛逛。

DATA 🚌Cairns City Bus Station步行4分 📞(07)4051-2137 🕐16時30分～23時左右(視店鋪而異) 🈳無休
MAP P125-C2 地圖▶正面-C2

皮繩手錶1個A\$15
3個A\$40。可以自由組合搭配，選擇豐富

飾品
Spring Wood
手工手錶、手鍊很受歡迎。可以自己選擇串飾和皮繩顏色自由搭配。
DATA 📞(07)4041-4482 🕐17～23時

杯墊組6個A\$10
圖案多樣，可以分送朋友

手繪彩石各A\$7
可以作為紙鎮使用

手鍊1個A\$8、
3個A\$20
可以自由組合作為伴手禮贈送

澳洲原住民藝術
Cairns Didgeridoos
販售澳洲原住民的小工藝品到樂器等眾多商品。可以找到充滿特色的伴手禮。
DATA 📞(07)4041-3240 🕐17～23時

海灘鞋
Treat Ya Feet
販售超輕的Aussie Soles等好穿好走的海灘鞋。尺寸和款式都有許多選擇。**DATA** 📞(07)4041-5379 🕐17～23時

手工香皂
Koharu
使用羊奶、大堡礁海鹽等天然原料，製作溫和不刺激的手工香皂。
DATA 📞(07)4032-5680 🕐17～23時

羊奶香皂A\$6.95
小羊太可愛了捨不得用！

REEF女性海灘鞋
A\$39.99
清爽的條紋圖案

附後帶兒童海灘鞋
A\$25
不容易脫落，小朋友也能安心穿

荷荷巴油及柚子香皂各A\$6.50
找找自己喜歡的香味

玻璃香水瓶
1個A\$4.95
3個A\$12
鮮豔的配色很吸睛

木雕日曆A\$9.95
另有販售袋鼠裝飾可以替換

生活雜貨
82K Collection
販售許多鑰匙圈、髮飾等平價雜貨。純銀飾品也很受歡迎。
DATA 📞(07)3741-4482 🕐16時30分～23時30分

還有這裡
早上10點開始營業的美食廣場
提供自助式中國菜、義大利麵、牛排等豐富菜色，價格也非常實惠。從10點就開始營業，很適合中午時段前來用餐。

自助式中國菜一盤
A\$10.50～

飯店

凱恩斯有各種飯店類型，有適合觀光、購物的飯店，也有適合家族旅行的飯店，還有適合長期留宿的飯店等，符合各種需求。經濟型飯店也有提供非常完善的設施。

在P26也有介紹度假村住宿♪

海濱道 MAP P125-C2 地圖▶正面-C2

凱恩斯豪畔休閒酒店
BreakFree Royal Harbour Cairns

公寓型酒店

客房內設有廚房、洗衣機等的公寓型酒店。1F會在晚上變身為夜市（16時30分～23時）。可以在隔壁商店使用電腦A$25／24小時。

DATA
🚌Cairns City Bus Station步行3分
🏠73-75 The Esplanade
📞(07)4080-8888
🛏單床房A$179～　37室

海濱道 MAP P125-C3 地圖▶正面-C3

凱恩斯太平洋酒店
Pacific Hotel

擁有一大片的內灣美景

位於DFS Galleria Cairns及大堡礁遊艇碼頭附近，方便觀光。海景客房可以欣賞到三一灣美景。飯店全館有提供免費無線網路。

DATA
🚌Cairns City Bus Station步行5分
🏠43 The Esplanade
📞(07)4051-7888
🛏ⓈⓉA$190～　176室

海濱道 MAP P123-B3 地圖▶背面-C3

凱恩斯里吉斯貿易風酒店
Rydges Tradewinds Cairns

開放感十足的度假飯店

位於海濱道上。陽光灑進飯店大廳，氣氛明亮。時尚現代的客房設有加大雙人床。飯店全館有提供免費無線網路。SPA（→P18）也很受歡迎。

DATA
🚌Cairns City Bus Station步行10分
🏠137 The Esplanade
📞(07)4053-0300
🛏ⓈⓉA$249～　244室

海濱道 MAP P123-B3 地圖▶背面-C3

凱恩斯希爾頓逸林酒店
Double Tree by Hilton Cairns

擁有新穎的熱帶花園

位於海濱道上，提供海景客房及山景客房。設有兒童泳池，大廳免費提供無線網路。客房內需收取A$14.95／24小時。

DATA
🚌Cairns City Bus Station步行8分
🏠Cnr. The Esplanade & Florence St.　📞(07)4050-6070
🛏ⓈⓉA$199～　237室

凱恩斯市中心 MAP P125-C1 地圖▶正面-C1

諾富特凱恩斯綠洲度假村
Novotel Cairns Oasis Resort

充滿南國氣氛

低樓層的飯店建築，配上以海洋為設計概念的客房。泳池吧有提供輕食及飲料，可以直接穿著泳衣享用。上網費用為A$24.95／1天。大廳的無線網路為免費提供。

DATA
🚌Cairns City Bus Station步行7分
🏠122 Lake St.
📞(07)4080-1888
🛏ⓈⓉA$290～　314室

凱恩斯市中心 MAP P124-B3 地圖▶正面-B3

凱恩斯里吉斯廣場酒店
Rydges Plaza Cairns

設有BBQ燒烤餐廳

位於方便觀光及購物的凱恩斯市中心。飯店內設有泳池及戶外BBQ燒烤餐廳，充滿度假氛圍。飯店全館提供免費無線網路。

DATA
🚌Cairns City Bus Station步行5分
🏠Cnr. Grafton & Spence Sts.
📞(07)4046-0300　🛏ⓈⓉA$129～
101室

北凱恩斯 MAP P123-B3 地圖▶背面-C1

凱恩斯里吉斯濱海度假村
Rydges Esplanade Resort Cairns

適合長期旅行的遊客

分為飯店和公寓型酒店兩棟建築。設有三座泳池。Coral Hedge Brasserie餐廳（→P51）也位於此。飯店全館提供免費無線網路。

DATA
🚌Cairns City Bus Station步行15分
🏠Cnr. The Esplanade & Kerwin St.　📞(07)4044-9000
🛏ⓈⓉA$149～　280室

凱恩斯郊區 MAP P123-A2

凱恩斯科羅尼澳俱樂部度假村
Cairns Colonial Club Resort

享受悠閒的度假時光

位於凱恩斯郊區。殖民式風格的明亮空間，充滿度假風情。生氣勃勃的熱帶植物花園內設有三座潟湖游泳池。飯店全館提供免費無線網路。

DATA
🚌凱恩斯市區車程8分
🏠18-26 Cannon St., Manunda
📞(07)4053-5111　🛏ⓈⓉA$135～
345室

 有餐廳　 有泳池　　有健身房

公寓型酒店

適合團體出遊、長期旅行及家族旅行的旅客。設有廚房、洗衣機等的公寓型酒店，可以讓旅途更加舒適方便。

在P26也有介紹度假村住宿♪

海濱道　MAP 地圖▶ 正面-C2　P125-C2

曼特拉伊斯莆蘭德酒店
Mantra Esplanade Cairns

另設有一般飯店

簡潔寬敞的客房設備齊全。廚房設備完善，並設有洗衣機。也可以利用飯店的BBQ燒烤區。上網費用為A$24／24小時。

DATA
🚌Cairns City Bus Station步行4分
🏠53-57 The Esplanade
📞(07)4046-4141　🏨飯店型
A$175～、單床房A$215～　116室

海濱道　MAP 地圖▶ 正面-C1　P125-C1

曼特曲羅吉酒店
Mantra Trilogy Cairns

適合長期旅行及家族旅行

設有廚房、洗衣機、私人陽台、有線電視等設施完善，提供各種不同類型的客房。上網費用為A$10／24小時。

DATA
🚌Cairns City Bus Station步行8分
🏠105 The Esplanade
📞(07)4080-8000　🏨飯店型
A$179～、單床房A$245～　318室

內灣周邊　MAP 地圖▶ 正面-D3　P125-D3

凱恩斯哈伯萊茨酒店
Cairns Harbour Lights

地理位置絕佳
舒適的公寓型酒店

提供一般飯店及公寓型酒店。公寓型酒店設有廚房、各種廚房電器、大冰箱、洗衣機等。客房分為單床房～三床房。大廳櫃檯與客房服務提供24小時高級飯店等級的貼心服務。對於在飯店和公寓型酒店之中猶豫不決的旅客來說，是一大福音。位於大堡礁遊艇碼頭旁，飯店前面是木板步道。早晨或傍晚都可以享受漫步樂趣。健身房、桑拿、泳池等休閒設施也非常完善。客房內只有提供免費的有線網路，飯店大廳有免費的無線網路。

↑飯店共有12層樓，中間的4～12樓為挑高設計
→清爽簡潔的客房

DATA
🚌Cairns City Bus Station步行10分
🏠1 Marlin Pde.　📞(07)4057-0800
🏨公寓型酒店單床房A$460～、公寓型酒店雙床房A$660～　100室

←將三一灣盡收眼底。泳池旁設有按摩浴池

北凱恩斯　MAP 地圖▶ 背面-B2　P123-B3

201湖街公寓酒店
201 Lake Street

位於湖街上
簡潔白牆的公寓型酒店

建築外觀和室內裝潢都以白色統一色調，呈現時尚設計感，受到很多新婚夫妻的喜愛。距離市中心和海濱道都很近。客房分為一般飯店式和公寓型酒店兩種。每間客房都設有電漿電視等完善設施。飯店全館提供免費無線網路。

→好像可以開派對的超大客廳

↑裝潢時尚的客房

DATA
🚌Cairns City Bus Station步行15分
🏠201 Lake St.　📞(07)4053-0100
🏨飯店大套房A$150、公寓型酒店單床房A$285～　61室

如果住公寓型酒店想要自己煮飯的話，建議可以自行攜帶一些調味料。醬油、調味醬料等可以攜帶小瓶裝。比起到當地購買，自己帶可以節省不少費用。

戶外活動＆主題公園

擁有美麗海洋和盎然綠意的凱恩斯地區，戶外活動也是五花八門應有盡有。以大自然和澳洲原住民為主題的觀光景點也不要錯過。

在P22也有介紹主題公園♪

潛水　MAP P124-B2　地圖▶正面-B2

Pro Dive

有豐富的潛水點

有提供三天兩夜的潛水團及五天的PADI課程等豐富行程，可以根據自己的程度來選擇。備有最新型的潛水器材，讓每個旅客都享有美好的潛水體驗。

DATA
🚌Cairns City Bus Station步行2分
🏠Cnr. Grafton & Shields Sts.
📞(07)4031-5255
🕐9時30分～19時　🚫無休

潛水　MAP P123-A3

Deep Sea Divers Den

提供潛水體驗課程

全世界規模最大的潛水公司，擁有許多回流客好評不斷。潛水巡禮行程的種類多樣，也是其受歡迎的理由之一。由經驗豐富的教練細心指導，第一次潛水的初學者也能安心體驗。參加潛水體驗課程（A$145～、環境保護稅A$20），在美麗的珊瑚礁海洋中享受奇幻體驗。

蝙魚➡說不定會見到拿破

⬆潛水巡禮行程每天出團

DATA
🚌凱恩斯車站步行10分
🏠319 Draper St　📞(07)4046-7333
🕐8～17時　🚫無休

潛水　MAP P125-C2　地圖▶正面-C2

Dive 7 Seas

當天來回的潛水體驗行程

大堡礁的阿金庫爾暗礁海水清透，從凱恩斯可以當天來回。有提供各式各樣的潛水課程，十分推薦。

DATA
🚌Cairns City Bus Station步行2分
🏠位於Orchid Plaza（・P54)2樓
📞(07)4041-2700
🕐10時～16時30分　🚫週末、週日

潛水　MAP P125-C2　地圖▶正面-C2

Tusa Dive

可以舒適乘坐的潛水周遊船

從16個潛水點當中選出當天的最佳地點，每一趟當天來回的潛水旅程都會是最佳體驗。潛水體驗 A$250～（不含其他費用）。

DATA
🚌Cairns City Bus Station步行4分
🏠Cnr. Shields St. & The Esplanade
📞(07)4047-9100
🕐7時30分～21時　🚫無休

滑翔傘等　MAP P125-D3　地圖▶正面-D3

NQ Water Sports

挑戰水上運動

來到凱恩斯灣體驗滑翔傘、滑水、海戰車等活動。水上摩托車可以選擇單人座或雙人座。

DATA
🚌Cairns City Bus Station步行10分
🏠B Finger Marine Marina（位於The Pier Cairns前B棧橋）
📞(0411)739-069
🕐9～15時　🚫無休

釣魚

All Tackle Sportsfishing

鎖定大魚為目標來挑戰

凱恩斯近海是全世界的釣魚好手心目中的釣魚天堂。在近海體驗包含路亞釣法以及傳統釣法等豐富多樣的釣魚運動。

DATA
📞(07)4053-3916　🕐6～20時
🚫無休　💰半天的釣魚體驗A$95

高空彈跳

A.J. Hackett Bungy

朝向森林預備跳！

由紐西蘭第一間高空彈跳公司所經營。朝著鬱鬱蔥蔥的森林，下定決心縱身一跳！緊張刺激又舒暢爽快的成就感油然而生。

DATA
📞(07)4057-7188　🕐10～17時
🚫無休　💰A$169（不含其他費用）
🚐提供飯店接駁

 需預約

熱氣球
Raging Thunder Ballooning
乘著氣球在空中漫步
開啟充滿感動的早晨

Raging Thunder公司擁有澳洲最大型的20人座熱氣球，推出早晨的空中散步熱氣球之旅。熱氣球緩緩上升，腳底下是越來越小的高山、農園和忱塘，以及跳躍的袋鼠。可以選在回國當天的一大早前往體驗熱氣球，8點30分左右回到飯店再前往機場的Express TourA$255（4～14歲為A$180）。

↑在早晨的凱恩斯近郊來一場愜意的空中散步→降落後大家一起收拾

DATA
☎(07)4030-7990 ⏰5時～21時15分
無休 🎫30分鐘飛行體驗A$235～（4～14歲為A$160）※提供飯店接駁

泛舟
Raging Thunder Rafting
乘坐橡皮艇朝著急流勇往直前

坐在橡皮艇上乘著急流順勢而下，過程驚險刺激充滿樂趣。可以前往離凱恩斯不遠的巴倫河體驗泛舟半日遊，或是世界著名的急流塔利河來嘗試泛舟樂趣。

DATA
☎(07)4030-7990 ⏰5時～21時15分
無休 🎫巴倫河泛舟半日遊A$133（13歲以上）
※提供飯店接駁

高爾夫球　MAP P122-A2
天堂棕櫚樹鄉村俱樂部
Paradise Palms Country Club
受到高爾夫球好手的喜愛

由Graham Marsh所設計的18洞錦標賽球場。上下坡幅度大，沙坑、水池、小河等障礙也很多，比較適合中高級的打者。

DATA
🚗凱恩斯市區車程25分 🏠Paradise Palms Dr., Clifton Beach ☎(07)4059-9901 ⏰6時30分～14時 無休 🎫18洞A$120　位

高爾夫球　MAP P127-A3
Mirage Country Club
位於豪華飯店旁的高爾夫球場

位於道格拉斯港蜃景喜來登假酒店（→P76）內。擁有珊瑚礁海洋美景的高爾夫球場，讓人嚮往。適合經驗豐富的打者。

DATA
🚗凱恩斯市區車程1小時 🏠Port Douglas Rd., Port Douglas ☎(07)4099-5537 ⏰7時30分～14時 無休 🎫18洞A$95

騎馬
Mount'N' Ride Adventure Horse Riding
在馬背上搖晃漫步自然

初學者也能安心參加的騎馬體驗活動。在資深的教練親切的指導下，騎著馬奔馳於壯闊雄偉的大自然中，和野生動物以及鳥類來一場不期而遇。

DATA
☎(07)4056-5406 ⏰7～22時 無休 🎫熱帶雨林及騎馬渡河A$130（一天3次）。全程4小時30分鐘）※提供飯店接駁

主題公園　MAP P123-A2
凱恩斯植物園
Cairns Botanic Gardens
蒼鬱茂盛的熱帶植物

於1866年開園的植物園，38公頃的園內種植了約一萬棵熱帶植物。可以免費入園參觀。園內咖啡廳是人氣私房景點。

DATA
🚗凱恩斯市區車程10分 🏠Collins Ave. Edge Hill ☎(07)4032-6650 ⏰7時～16時30分 無休 🎫免費參觀

主題公園　MAP P122-B2
查普凱原住民文化公園
Tjapukai Aboriginal Cultural Park
瞭解深入澳洲原住民文化

介紹生活在凱恩斯和庫蘭達地區的澳洲原住民「查普凱族」的文化。白天和晚上呈現兩種不同的風情。白天在鶴鴕巨蛋劇院可以看到傳統樂器的演奏、舞蹈以及生火等表演。在戶外還可以體驗投擲回力鏢與矛的活動。商店內展示並販售澳洲原住民藝術家的作品（→P22）。

↑畫上神秘彩繪的澳洲原住民表演傳統舞蹈

DATA
🚗凱恩斯市區車程15分 🏠Kamerunga Rd.,Caravonica Lakes（Skyrail 熱帶雨林纜車史密斯菲爾德站旁） ☎(07)4042-9999 ⏰Tjapukai Day Pass9～17時、Tjapukai Dance show & Dinner19時～21時30分 無休 🎫Tjapukai Day PassA$60（4～14歲A$40）、Tjapukai Dance show & Dinner(提供接駁)A$145（4～14歲A$90）

凱恩斯地區不能進行衝浪及滑浪風帆運動。最主要的原因為雖然有海，但是沒有沙灘。凱恩斯近郊的沙灘也沒有能夠衝浪的浪潮。

從建築物到繪畫
在凱恩斯徜徉藝術世界！

凱恩斯多以大堡礁及熱帶雨林等自然景觀較為出名。其實大家不知道，有很多藝術家被凱恩斯的自然魅力深深吸引而居住於此。熱愛大自然的藝術家們，將他們對自然的感受充分的表現在他們的建築物、裝置藝術以及畫作上。描繪出南國風情凱恩斯的藝術世界，非常值得一訪。

充滿著奇幻氛圍的城堡。晚上點燈後更增添神祕感

白天和晚上擁有不同面貌的建築藝術

建築 帕羅尼拉公園
Paronella Park
MAP P122-B4

於1913年從西班牙移居而來的荷西·帕羅尼拉Jose Paronella因為思鄉，於是在凱恩斯建造了一座西班牙城堡。曾於1935年對外開放參觀，但是陸續受到水災和火災的影響，一度長滿熱帶植物成為廢墟。後來經過整修成為與大自然融合的一座城堡。外觀神似日本動畫大師宮崎駿的作品《天空之城》，因此成為非常熱門知名的觀光景點。

DATA
從凱恩斯市區走布魯斯高速公路（國道1號）南下車程約2小時。從凱恩斯費爾往西邊走。選擇參加由凱恩斯飯店出發的自選行程較為方便。觀賞公園夜間點燈的行程也很有人氣。（→P114） 1671 Japoonvale Rd.,Mena.Creek (07) 4065-0000 9時～19時30分 無休 成人A$44（5～15歲A$23）

▲園內各角落皆設有休息區

◀丘陵上的景致別具風味

充滿想像力與創造力的當代藝術

現代藝術 Kick Arts
MAP P123-B3 地圖 背面-C4

位於Centre of Contemporary Art「COCA」內的藝廊。展出由北昆士蘭藝術家們所創作的奇幻作品。附設禮品店也不容錯過。

DATA
Cairns City Bus Station步行10分
96 Abbott St.
(07) 4050-9494
10～17時 週日·假日
免費參觀

▲五彩繽紛的大型雷根糖裝置藝術很好認

凱恩斯最具代表性的現代藝術

全方位藝術 凱恩斯地區美術館
Cairns Regional Art Gallery
MAP P125-C2 地圖 正面-C2

北昆士蘭規模最大的美術館。展廳內的家具展示皆出自當地藝術家之手。除了現代藝術之外，還有澳洲原住民藝術的常設展覽。另有販售充滿品味的伴手禮。

DATA
Cairns City Bus Station步行3分
Cnr Abbott&Shields Sts
(07) 4046-4800 9～17時（週日·假日10～14時）無休
成人A$5（16歲以下免費參觀）

▲被指定為國家文化遺產的歷史性建築

藝廊商店

凱恩斯地區美術館內販售許多獨家的特色商品

🖌Sage&Peppa的胸章。小女生A$18、動物A$20

橡皮擦4個A$3.50

出自Julie McEnerny之手的熱帶植物茶巾一條A$30

表演秀＆現場演奏

晚餐秀可以欣賞到澳洲獨有的原住民舞蹈及各國舞蹈表演。精彩的現場演出讓一天的旅程劃下完美的句點。報名觀賞表演秀可以享有飯店接駁，十分方便。

在P22也有介紹主題公園♪

MAP P125-C1 地圖 正面-C1

Bernie's Jazz and Piano Ber

吃飽飯後享受悠閒自的爵士夜

17點開始就可以欣賞到爵士鋼琴的現場演奏，20點過後歌手也加入陣容，一場爵士即興演奏會正式登場。可以輕鬆享受晚上爵士而大受歡迎。

DATA
🚌Cairns City Bus Station步行10分
🏠92Abbott St.
📞(07)4041-4603 營16～24時
週一、二 啤酒A\$6～、葡萄酒（杯）A\$6.5～

MAP P122-B2

查普凱族歌舞秀＆晚餐
Tjapukai Dance Show & Dinner

親身體驗澳洲原住民文化
豪華晚餐讓人讚不絕口

可以認識澳洲原住民的傳統文化，又可以享受美味的晚餐及精彩的歌舞表演。穿著傳統服裝，畫上彩繪的澳洲原住民舞者，演奏充滿奇幻的迪吉里杜管，在戶外觀賞的遊客則全員一起敲著棍子合奏，參與生火儀式，感受難得的文化體驗。晚餐提供超有人氣的豪華自助式美食。晚餐後的表演是由充滿活力又有趣的澳洲原住民傳統舞蹈揭開序幕，後半段的表演會讓觀眾一同參與，也可以拍攝紀念照，氣氛熱鬧非凡。

↑結合傳統歌舞的生火儀式

↑自助式美食晚餐廣受好評。甜點種類繁多，選擇豐富

DATA
🚌凱恩斯市區車程15分
🏠Kamerunga Rd., Smithfield
📞(07)4042-9999 營19時～21時30分
無休 成人A\$145（4～14歲A\$90）
※提供接駁

←可以和澳洲原住民舞者拍照留念

MAP P125-C2 地圖 正面-C2

Cairns Courthouse Hotel

在舊法院度過週末狂歡夜

將1921年建造的歷史建築法院改建成餐廳及酒吧。與古典風格的外觀恰恰相反，週五及週末會在戶外舞台舉辦現場的樂團演出，之後在室內也能欣賞DJ充滿搖滾靈魂的表演。7～10月每逢澳式足球比賽時，戶外大螢幕都會進行轉播。手拿著啤酒和大家一起狂歡派對吧！

←場演出 在開闊的戶外舞台享受現場

↑和古典的建築物落差甚大，獨具特色

DATA
🚌Cairns City Bus Station步行3分
🏠38 Abbott St
📞(07)4081-7777 營10時～24時左右
（週五～日10時～翌3時） 無休
啤酒A\$4、蒸餾酒A\$5～

MAP P124-B2 地圖 正面-B2

12 Bar Blue

演奏爵士樂的隱密酒吧

從爵士即興演奏會到卡拉OK，週四到週日會舉辦不同的表演。雖是一間小酒吧，但提供了舒適放鬆的喝酒空間，同時欣賞爵士樂的美妙。

DATA
🚌Cairns City Bus Station步行3分
🏠62 Shields St.
📞(07)4041-7388 營19～24時
週一 獨家調酒A\$10～

酒吧&夜店

想要享受凱恩斯的夜晚樂趣，就不能錯過酒吧和夜店！精釀啤酒和獨家調酒都好想嘗嘗。一起前往當地人也喜愛的人氣店家吧！

在P14也有介紹澳洲美食♪

海濱道　MAP P125-C2　地圖▶正面-C2

Rattle n Hum

提供球賽轉播

設有很多露天座位，整間店都充滿活力。提供口味多樣的生啤酒，以及窯烤燻鮭魚披薩A\$19、爐烤頂級肋眼牛排A\$33等豐富餐點選擇。

DATA............
🚌Cairns City Bus Station步行3分
🏠67 The Esplanade
📞(07)4031-3011　🕐11時30分～24時　🈹無休　💴A\$10～

內灣周邊　MAP P125-C4　地圖▶正面-C4

Mondo Café Bar & Grill

一眼望盡美麗海景

從亞洲菜到澳洲牛，提供各式各樣的美味菜色。週二、三晚上可以欣賞現場演出。

DATA............
🚌Cairns City Bus Station步行10分
🏠位於凱恩斯希爾頓酒店（→P27）內　📞(07)4052-6780
🕐11時～21時30分　🈹無休　💴啤酒A\$3.80～、調酒A\$10～、葡萄酒（杯）A\$7～

內灣周邊　MAP P125-D2　地圖▶正面-D2

The Pier Bar & Grill

每逢週末都大排長龍的酒吧

位於The Pier at the Marina內，可以一邊享受海風一邊欣賞音樂，深受當地人喜愛。提供披薩A\$14.50～等豐富餐點選擇。

DATA............
🚌Cairns City Bus Station步行10分
🏠位於The Pier at the Marina（→P53）內　📞(07)4031-4677　🕐11時30分～凌晨　🈹無休
💴啤酒A\$5～、蒸餾酒A\$7～

內灣周邊　MAP P125-C3　地圖▶正面-C3

Vertigo Cocktail Bar & Lounge

受到廣泛年齡層的喜愛

位於賭場入口旁，不僅是年輕人，也很受到年長者的歡迎。週四到週六晚上會舉辦現場演奏、舞蹈表演等，非常熱鬧。

DATA............
🚌Cairns City Bus Station步行8分
🏠位於礁灘鉑爾曼酒店賭場（→P27）內　📞(07)4030-8888　🕐16～23時（週三～24時、週四～翌1時、週五、週六～翌2時）
🈹無休　💴啤酒A\$5、調酒A\$12～

凱恩斯市中心　MAP P124-B3　地圖▶正面-B3

The Union Jack Hotel

可以輕鬆融入的澳洲酒吧

提供精釀啤酒、葡萄酒、調酒等各種酒類的夜店。澳洲牛排分量十足。設有露天及室內兩種座位選擇。

DATA............
🚌Cairns City Bus Station步行6分
🏠Cnr. Spence & Sheridan Sts.
📞(07)4051-2490　🕐10時～翌2時
🈹無休　💴啤酒A\$4～、蒸餾酒A\$7.50～

凱恩斯市中心　MAP P124-B2　地圖▶正面-B2

McGinty's

提供GUINNESS生啤酒

整間店從裡到外都是傳統的愛爾蘭風格。提供調酒蘇打和10種不同的生啤酒、威士忌、蒸餾酒等豐富酒類。炸魚薯條A\$19.50。

DATA............
🚌Cairns City Bus Station步行3分
🏠41a Shiles St.
📞(0407)968-870　🕐13時～凌晨（週日15時～）　🈹週一　💴A\$10～

凱恩斯市中心　MAP P124-B2　地圖▶正面-B2

Gilligans Night Club & Bar

到深夜都還人聲鼎沸

擁有凱恩斯地區最大舞池的人氣夜店。位於受到背包客喜愛的大型飯店內，每天晚上會湧進許多年輕人，熱鬧無比。另設有酒吧區。

DATA............
🚌Cairns City Bus Station步行5分
🏠57-89 Grafton St.
📞(07)4041-6566　🕐12時～翌3時（週五、六～翌5時）　🈹無休
💴原創調酒A\$8-·15

凱恩斯市中心　MAP P125-C2　地圖▶正面-C2

The Woolshed

匯集了各國背包客

以實惠的價格提供酒類飲品，營造出自由開放的氛圍，吸引許多國內外的背包客前來，是一間富有歷史的酒吧。各種原創調酒A\$15～。

DATA............
🚌Cairns City Bus Station步行即到　🏠24Shields St.
📞(07)4031-6304　🕐11時～翌3時（週五、週六～翌5時）　🈹無休

前往酒吧和夜店時，要記得先確認好計價方式，如果不能接受的話建議即早離開。另外在旅途中也要小心安全，避免太過鬆懈。

Spa

使用添加澳洲大自然資源的有機保養品進行天然身體護理，非常受到歡迎。在充滿居家氛圍的舒適環境中，身心靈都能徹底放鬆舒緩。天然保養品也充滿魅力。

在P18也有介紹自然SPA♪

Ella Bache

法式手技的奢華沙龍

以法式技巧搭配澳洲的天然保養品，讓旅途中的疲勞一消而散！

DATA
🚌Cairns City Bus Station步行7分
🏠位於凱恩斯中央購物中心(→P52)內　📞(07)4031-9099　🕐9時～17時30分(週四～21時、週日10時30分～16時)　🈺無休　💰Earth Body Treatment 90分鐘A$140

Refresh City Day Spa

使用超人氣茉莉蔻產品提供價格實惠的SPA療程

使用茉莉蔻產品的奢華SPA。提供臉部及全身去角質等豐富療程選擇。其中特別推薦尊貴臉部護理75分鐘A$130，於臉部、肩頸、手腳等施以舒緩按摩，讓身心放鬆。具有抗老功效的活氧臉部護理60分鐘A$120～，也深受好評。

→距離市民廣場很近方便順道前往。全館皆為獨立包廂，設有盥洗室

↑包廂內SPA床為雙人尺寸

DATA
🚌Cairns City Bus Station步行2分
🏠85 Lake St.(位於主街的商店街上)　📞(07)4051-8344
🕐9～18時(週六～16時)　🈺週日

Cool Body

荷荷巴油按摩具有舒緩疲勞、美肌功效

使用澳洲產優質荷荷巴油的精油按摩很有人氣。透過淋巴按摩代謝老廢物質，具有美肌及舒緩放鬆的效果。精油按摩A$45～、半身按摩A$40～／30分鐘～、全身按摩A$70～／60分鐘～，可以自由選擇想按的部位。門口較為隱密，要注意看才不會走過頭了。

↑店內為現代亞洲風格

↑使用兩種不同香味的黃金荷荷巴油等精油

DATA
🚌Cairns City Bus Station步行3分
🏠86 Lake St.　📞(07)4041-3901
🕐10～19時(週四、週日～21時)　🈺無休
💰熱石按摩60分A$95～

Shaira Star

以專業的美容技巧進行適合不同膚質的保養

↑親切的美容師會先諮詢肌膚狀況

開始之前會先進行諮詢，確認好膚質狀態後，選擇最適合的療程，在當地擁有超高人氣。特別推薦臉部深層清潔保養A$85／75分，將毛孔中的髒污徹底清潔，再以膠原蛋白面膜補充水分，讓肌膚彈潤光澤的肌膚再生療程。還有提供美甲、美睫、彩妝等全身美容保養的豐富療程。

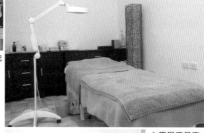

DATA
🚌Cairns City Bus Station步行6分
🏠Shop 1A, 62 Grafton Street, Cairns QLD 4870
📞(07)4031-0288
🕐10～20時(週四～21時、週六～18時)
🈺週日
💰淋巴引流療程90分A$110、足部抒壓按摩30分A$40

↑療程室只有4間，常客滿，建議提早預約
←部分療程會在舒適的按摩椅上進行

1DAY Trip
From Cairns

一日小旅行

❋ I N D E X
前往凱恩斯郊區的
交通方式…P68
棕櫚灣…P70
　美食‧購物…P71
　飯店…P72
道格拉斯港…P74
　美食‧購物…P75
　飯店…P76
莫斯曼＆戴恩樹…P78

海邊的度假小鎮棕櫚灣
海灘。在充滿開闊感的
海灘享受各種戶外活動

前往郊區的交通建議

前往棕櫚灣	由Cairns City Bus Station搭乘路線巴士（Sunbus）110路（車程約1小時）前往。若是接近10人的團體遊客，可以選擇休旅車型的MAXI計程車，車程約25分鐘。
前往道格拉斯港	沒有大眾交通工具可供搭乘，只能選擇民營接駁巴士。接駁巴士為預約制，循環於市區內的主要飯店之間，車程約1小時20分鐘。車資視各家巴士公司而異。開車前往車程約1小時。
前往苦難角	沒有大眾交通工具可供搭乘，可以選擇參加當天來回的自選行程（Sun Palm Transport旅行社請參閱P69下表C）或租車自駕前往（往戴恩樹方向）。

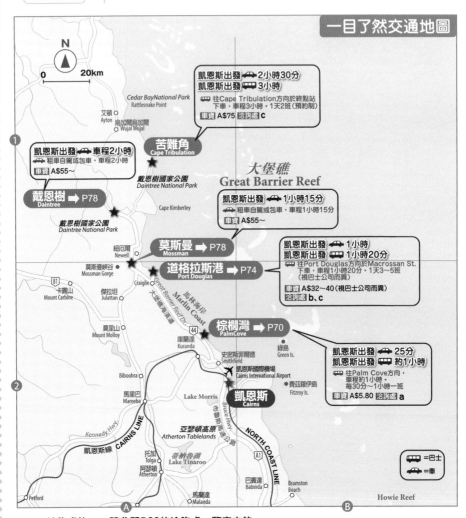

一目了然交通地圖

苦難角 Cape Tribulation
凱恩斯出發🚗2小時30分
凱恩斯出發🚌3小時
🚌往Cape Tribulation方向於終點站下車，車程3小時・1天2班（預約制）
車資 A$75 洽詢處 C

戴恩樹 Daintree → P78
凱恩斯出發 🚗車程2小時
🚗租車自駕或包車，車程2小時
車資 A$55~

大堡礁 Great Barrier Reef

戴恩樹國家公園 Daintree National Park

莫斯曼 Mossman → P78
凱恩斯出發 🚗1小時15分
🚗租車自駕或包車，車程1小時15分
車資 A$55~

道格拉斯港 Port Douglas → P74
凱恩斯出發🚗1小時
凱恩斯出發🚌1小時20分
🚌往Port Douglas方向於Macrossan St.下車，車程1小時20分・1天3~5班（視巴士公司而異）
車資 A$32~40（視巴士公司而異）
洽詢處 b、c

棕櫚灣 PalmCove → P70
凱恩斯出發🚗25分
凱恩斯出發🚌約1小時
🚌往Palm Cove方向，車程約1小時・每30分~1小時一班
車資 A$5.80 洽詢處 a

艾頓 Ayton
烏加爾扁加爾 Wujal Wujal
Cedar BayNational Park
Rattlesnake Point

戴恩樹國家公園 Daintree National Park

Cape Kimberley

紐厄爾 Newell
莫斯曼峽谷 Mossman Gorge
Craiglie

卡賓山 Mount Carbine
傑拉坦 Julattan
莫里山 Mount Molloy

庫蘭達 Kuranda
史密斯菲爾德 Smithfield
凱恩斯國際機場 Cairns International Airport
綠島 Green Is.
費茲羅伊島 Fitzroy Is.

Biboohra

馬里巴 Mareeba
Lake Morris
凱恩斯 Cairns

亞瑟頓高原 Atherton Tablelands
托加 Tolga
阿瑟頓 Atherton
蒂那羅湖 Lake Tinaroo

Kennedy Hwy
CAIRNS LINE
凱恩斯線

Petford

馬蘭達 Malanda

巴賓達 Babinda
Bramston Beach

NORTH COAST LINE

Howie Reef

0 20km N

🚌=巴士
🚗=車

※洽詢處的a~c請參閱P69的洽詢處一覽表中的a~c

出發點為何處?

沒有鐵路可以從凱恩斯前往北邊海岸線度假區。一般是搭乘巴士、計程車或租車自駕前往。
前往棕櫚灣的出發點為路線巴士發車處——凱恩斯的Cairns City Bus Station2號月台（MAP P124-B1）及凱恩斯站前的凱恩斯中央購物中心（MAP P124-A2）。
搭乘計程車時，請到計程車乘車區上車。Cairns City Bus Station附近的計程車乘車區設有計程車標誌及候車長凳。凱恩斯中央購物中心（MAP P124-A2）及海濱道（MAP P125-C2）皆設有計程車乘車區。通常在計程車乘車區等候幾分鐘就能等到空車。欲前往道格拉斯港可以搭乘民營的飯店接駁巴士。可以在預約巴士時確認接駁巴士會不會行經下榻的飯店。

⇧Cairns City Bus Station在湖街與艾普林街（Aplin Street）的交叉口附近。（MAP P124B1）

主要交通方式

路線巴士（Sunbus）

路線巴士Sunbus的藍色車身上繪有戴著太陽眼鏡的太陽標誌。前往棕櫚灣可以搭乘行經克里夫頓海灘的110路。
想要在中途的觀光景點下車的旅客，可以購買一日券。一日券與來回車資相同價格。在車上購票時，無法使用A$50及A$100面額的紙鈔。
凱恩斯市區很少出現塞車的狀況，巴士通常都會按照時刻表上的時間抵達。有時候會比表定時間還提早抵達，建議可以早一點抵達巴士站候車。週末、假日的行駛時間和平常不同，需再行確認。請參閱P42～44。

民營巴士

民營巴士行經各主要飯店之間迎接，並送往目的地。預約時告知預計上車時間、飯店名稱、乘客姓名、乘客人數，然後上車時將車資支付給巴士司機。若是透過飯店的旅行社櫃臺預約，則於預約時支付車資。搭乘當天於上車前10分鐘在飯店門口候車。
部分巴士會因應乘客需求行經查普凱原住民文化公園（→P62）、哈特利鱷魚探險之旅（→P37）等觀光景點，可於預約前確認。車資視各家巴士公司而異。

洽詢處

	名稱	電話號碼/官網	時間（凱恩斯出發）	單程車資
a	Sunbus	☎(07)4057-7411 URL www.sunbus.com.au/	平日為7時4分～23時35分、每30分鐘一班。（週末為8時15分～23時15分、每小時一班） 休無休	到棕櫚灣成人為A$5.80、兒童（5～14歲）為A$2.90 一日券A$11.60
b	BTS Tour & Transfer	☎(07)4099-5665 URL www.portdouglasbus.com/	7時～17時30分、一天來回共11班車 休無休	到道格拉斯港成人為A$37、兒童（3～14歲）為A$23
c	Sun Palm Transport	☎(07)4099-1191 URL www.sunpalmtransport.com.au	5～20時、一天14班（往道格拉斯港）7時、13時。 休無休	到道格拉斯港成人為A$40、兒童（2～11歲）為A$33～

♪路線巴士及民營巴士車上皆禁菸、禁止飲食

悠閒的海灘度假區

棕櫚灣 MAP P126

Palm Cove

從凱恩斯搭乘路線巴士前往約1小時車程。棕櫚灣是一個讓人悠閒放鬆，忘記了時間的度假海灘。近年來多了許多間提供護理療程的Spa，吸引很多女性遊客前往。

逛街漫步 行程

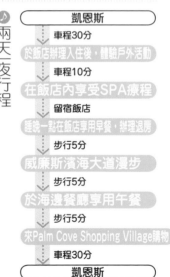

當天來回行程

凱恩斯
↓ 巴士車程約1小時
來Palm Cove Shopping Village購物
↓ 步行1分
在咖啡廳稍作休息
↓ 步行5分
享受SPA療程舒緩放鬆
↓ 巴士車程約1小時
凱恩斯

兩天一夜行程

凱恩斯
↓ 車程30分
於飯店辦理入住後，體驗戶外活動
↓ 車程10分
在飯店內享受SPA療程
↓ 留宿飯店
睡晚一點在飯店享用早餐，辦理退房
↓ 步行5分
威廉斯濱海大道漫步
↓ 步行5分
於海邊餐廳享用午餐
↓ 步行5分
來Palm Cove Shopping Village購物
↓ 車程30分
凱恩斯

Best of Best

 好 想玩
毒水母不會出沒的戲水季節（6～10月）最適合前來體驗水上運動。

 好 想住
寬敞的客房及充滿特色的泳池，這裡有好多間舒適的度假飯店

 好 想放鬆
可以來這裡體驗台灣沒有的SPA療程。實現光滑彈潤的理想美肌！

漫步建議

棕櫚灣的主街是椰子樹及尤加利樹成排的威廉斯濱海大道。可以來這裡享受海邊散步，或是在露天咖啡廳享用下午茶，也可以在熱門的SPA體驗護理療程，當天來回也能充分享受度假時光。

觀光服務處

Palm Cove Tourist Information
MAP P126-B1
位於威廉斯濱海大道上的 海濱天堂度假村Paradise On The Beach Resort 1F。提供棕櫚灣出發的觀光行程及租車等服務，以及提供棕櫚灣的觀光資訊。
凱恩斯車程30分
119～121Williams Esplanade
(07)4055-3433　8～18時
無休

需事先訂位　有著裝規定　有執照　B.Y.O

購物  MAP P126-B1

PalmCove Shopping Village

棕櫚灣的購物中心

匯集了餐廳、咖啡廳、服飾店等的複合式商場。設有便利商店型的小超市，旅程中需要購買飲品或零食都十分方便。

DATA
🚍觀光服務處步行1分
🏠115 Williams Esplanade
📞視店舖而異 🕐視店舖而異
🈺視店舖而異

購物 MAP P126-B2

Buccaneer Beach & Surf

找衝浪品牌就來這裡

匯集了世界各國的衝浪品牌。T-shirt A$46～60、泳衣A$50～80，商品豐富。

DATA
🚍Palm Cove Shopping Village步行4分 🏠Cnr VeiversRd&Williams Esplanade 📞(07)4055-3308
🕐9時30分～17時30分
🈺無休

購物 MAP P126-B1

RAA and the TEMPLE

販售豐富多樣的熱帶商品

充滿度假氛圍的熱帶服飾及配件一字排開。洋裝和珠寶為A$30～。還有販售自製身體乳霜A$24.50等美妝品。

DATA
🚍位於Palm Cove Shopping Village內 📞(07)4055-3141
🕐9時30分～17時（週日為10～16時） 🈺無休

美食 MAP P126-B2

Vivo

每天會更換4次菜單

面海的大片窗讓人印象深刻。提供現代澳洲菜。下午還有義大利麵A$7～10等選擇。前菜、早餐、午餐、晚餐，一天會更換4次菜單。

DATA
🚍Palm Cove Shopping Village步行3分 🏠49 Willams Esplanade
📞(07)4059-0944
🕐7～22時 🈺無休

美食 MAP P126-B1

Nu Nu

獲得無數獎賞的實力派美食

融合世界各國風味的特色菜色。堅持使用精選新鮮食材並且每天更換菜單。每道菜色都適合分食，可以嘗試到不同美味。

DATA
🚍Palm Cove Shopping Village步行4分 🏠1 Vievers Rd.
📞(07)4059-1880 🕐11時30分～凌晨 🈺週二、週三

美食 MAP P126-B2

Deli a Drift

堅持選用當地新鮮食材

使用自製麵包的美味三明治廣受好評。手工法式鹹派及甜派A$10.50也很有人氣。有提供外帶，也很適合買回去當早餐。

DATA
🚍Palm Cove Shopping Village步行4分 🏠22 Veivers Rd.
📞(07)4055-3354 🕐7～16時
🈺無休

每年4～1月為體驗水上摩托車、獨木舟、雙體船等海上活動的最佳時期。
可以致電Beach Fun Co📞（0411）848-580預約報名（無休）。

飯店 MAP P126-B2

阿拉曼達棕櫚灣蘭斯摩爾酒店
Alamanda Palm Cove By Lancemore

在奢華的SPA度假飯店
讓身心一同被療癒

擁有在澳洲數一數二的頂級SPA療程。提供設有廚房及客廳的公寓型客房。客房分為1～3床的3種房型，全房形皆為套房。3床的大套房多人入住也不覺得擁擠。在半開放式的SPA涼亭內體驗的超人氣SPA療程廣受歡迎。使用新鮮水果及植物每天製作去角質磨砂膏，可以讓肌膚光滑水嫩。採用峇里島傳統手技提供舒適放鬆的按摩療程。SPA療程需於入住前一週完成預約。度假園區內另設有結婚教堂。大廳、客房內皆提供免費無線網路。

↑共有三座泳池

↑眺望海灘的寬敞客房
➡提供1～3床的不同房型

↑附有廚房的客廳十分寬敞

DATA
🚇Palm Cove Shopping Village步行5分
🏠1 Veivers Rd. ☎(07)4055-3000
💰單床房A$315～、雙床房A$395～　69室
🌐www.lancemore.com.au/alamanda

這裡也要CHECK!
推薦設施
Alamanda Great Barrier Reef Chapel

擁有美麗海景的純白教堂。充滿南國氛圍，祭壇的後面就是讓人感動的大堡礁美景。在度假聖地的優雅婚禮結束後，可以於園區內舉辦慶祝派對。

↑繁密茂盛的棕櫚樹，讓整個度假飯店充滿南國風情

飯店 MAP P126-A2

鉑爾曼棕櫚灣海神廟Spa度假村
Pullman Palm Cove Sea Temple Resort & Spa

設計感十足的度假飯店
充滿亞洲風情

讓人聯想到峇里島Villa的亞洲風格度假飯店。提供設有廚房及客廳的公寓型客房。現代時尚的廚房設備完善，很適合家族旅遊。以大地色系為主的客房很讓人放鬆。泳池中央的泳池咖啡廳和泳池旁的餐廳提供融合亞洲菜特色的現代澳洲菜，相當受到當地人好評。上網費用為A$22／1天，大廳及Lagoon Bar有提供免費無線網路。

➡客房裝潢為亞洲風格

↑飯店建築圍繞著泳池而建

DATA
🚇Palm Cove Shopping Village步行10分　🏠5 Triton St.
☎(07)4059-9600 💰小套房A$390～、單床房A$510、雙床房A$710～　97室
🌐www.pullmanpalmcove.com.au

這裡也要CHECK!
推薦設施
Vie Spa

擁有10種以上的按摩技術，具有良好的排毒及拉提效果。讓肌膚宛如新生，廣受好評。提供從頭到腳的全身極度奢華護理HEAVENLY THERAPY A$280／120分。需透過電話或傳真提前預約。
🕐9～19時 🚫無休

➡使用「Pevonia BOTANICA」的產品

 有餐廳　 有商店　 有泳池　 有健身房　 有美體沙龍　 有商務中心

飯店 **MAP** P126-B2

Grand Mercure Rockford Palm Cove

在尤加利樹環繞的美麗泳池享受優雅度假體驗

位於威廉斯濱海大道南邊的度假飯店。提供小套房與1～2床的大套房等房型，客房清爽乾淨。飯店中央的泳池旁長滿尤加利樹，彷彿置身於熱帶樂園。躺在沙發躺椅上睡個午覺，享受美好度假時光。飯店旁邊有許多咖啡廳、餐廳及商店等，還有介紹澳洲原住民藝術的「Pandanus Gallery」。客房、大廳皆有提供免費無線網路。

↑明亮乾淨的臥室
→位於海灘正中央的好位置

DATA
Palm Cove Shopping Village步行4分
Cnr. Veivers Rd. & Williams Esplanade　(07)4055-3999　小套房A$170～、單床房A$220～、小型兩床房A$260～
50室　www.rockfordhotels.com.au/

茂密的尤加利樹下陰涼舒適

 飯店 **MAP** P126-B1

珊瑚礁之家棕櫚灣美憬閣索菲特酒店
The Reef House Palm Cove

超高水準的餐廳和SPA奢華度假飯店

客房內設有寬敞的私人陽台及客廳，還有特大雙人公主床，提供奢華感受的精品度假飯店。位於海灘前的餐廳，是凱恩斯周邊地區首屈一指的法國菜。別館的美體沙龍Spa提供澳洲原住民按摩手法的香氛護理療程。客房和大廳皆提供免費有線及無線網路。

↑居家風格的舒適環境廣受好評
→露天陽台、客廳都十分寬敞

DATA
Palm Cove Shopping Village步行2分
99 Williams Esplanade
(07)4080-2600　Brigadier客房A$308～、附私人陽台房A$298～、面海客房A$388～　69室
www.reefhouse.com.au/

飯店 **MAP** P126-B1

胡椒海灘Spa俱樂部酒店
Peppers Beach Club & Spa Palm Cove

讓人目眩神迷的純白飯店度過奢華的美好假期

純白的飯店讓人留下深刻印象。高大的尤加利樹和勞斯萊斯都非常好認。飯店將鋪有淨白沙灘的潟湖游泳池包圍其中，泳池的水流聲和眼前美景完美融合。提供設有廚房和私人泳池的大套房及SPA客房等，房型選擇豐富。無線網路為A$6／30分。

→度假飯店前面設有4棟餐廳

↑在泳池酒吧享受度假氛圍

DATA
Palm Cove Shopping Village步行2分　123 Williams Esplanade
(07)5665-4426　RESORT SPA客房A$309～、RESORT單床房A$405～、PENTHOUSE單床房A$409～　145室
www.peppers.com.au/

飯店 **MAP** P126-B4

凱瓦拉海灘度假村
Kewarra Beach Resort & Spa

推薦給熱愛大自然的旅客

被熱帶雨林包圍的小屋型飯店。接待櫃臺位於RESORT棟。提供免費無線網路。

DATA
凱恩斯市區車程25分
Kewarra St., Kewarra Beach
(07)4058-4000　Pandanus豪華小屋A$299～、Pipi Beach面海小屋A$460～　44室
www.kewarra.com/

棕櫚灣的餐廳和商店都集中在岸邊的威廉斯濱海大道上。
特別是飯店內的餐廳水準極高，十分出名。

高雅的海灘度假區
道格拉斯港

Port Douglas

位於凱恩斯北邊約70km處的道格拉斯港,除了澳洲遊客,也吸引很多從世界各地慕名而來的遊客。擁有優雅的高級度假區及豪華購物城,是極富盛名的海灘度假勝地。

逛街漫步行程♪

當天來回行程 ♪

```
凱恩斯
 │ 車程1小時
 ▼
四哩海灘漫步
 │ 步行1小時
 ▼
在馬卡松街喝杯咖啡小歇一下
 │ 步行5分
 ▼
馬卡松街逛街購物
 │ 步行1小時
 ▼
於馬卡松街享用午餐
 │ 車程1小時
 ▼
凱恩斯
```

兩天一夜行程 ♪

```
凱恩斯
 │ 車程1小時
 ▼
於飯店辦理入住後,體驗戶外活動
 │ 車程10分
 ▼
在飯店內游泳戲水,享受SPA療程
 │ 車程5分
 ▼
於馬卡松街享用晚餐
 │ 留宿飯店
 ▼
睡晚一點在飯店享用早餐,辦理退房
 │ 車程5分
 ▼
來Marina Mirage逛街購物
 │ 步行5分
 ▼
於Marina Mirage享用午餐
 │ 車程1小時
 ▼
凱恩斯
```

Best of Best

 好想玩

除了水上活動及高爾夫球,在白砂綿延的四哩海灘漫步也十分享受

 好想住

裴帕斯海灘俱樂部酒店(→P76)、QT道格拉斯港酒店(→P77)等新度假飯店都相繼開幕。

好想買

城鎮中心的馬卡松街上有許多流行時尚的商店。

漫步建議

主街馬卡松街上有許多精品店、餐廳、咖啡廳等。道格拉斯港是一個小城鎮,一早從凱恩斯出發的話,一天行程就相當足夠。也可以報名當地的旅遊行程。

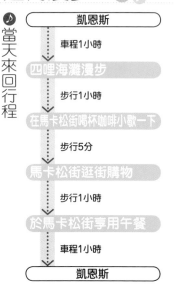

🛈觀光服務處
Tropical Journeys
MAP P127-A1
位於馬卡松街上的Port Village Shopping Centre入口處。提供在凱恩斯無法取得的道格拉斯港觀光資訊以及周邊地圖。
🚌凱恩斯車程1小時 🏠11-17 Macrossan St.
📞(07)4099-6999 🕘9～20時 🚫無休

🔴 需事先訂位 　🟦 有著裝規定 　🟩 有售酒執照 　🟫 可以自行帶酒

美食 MAP P127-A1

On the Inlet

在海邊享用美味海鮮

提供泥蟹及尖吻鱸等在地海鮮，在開放式露台上享用。傍晚的點心時間配上落日餘暉更是別具風味。

DATA
🚌觀光服務處步行5分
🏠3 Inlet St. 📞(07)4099-5255
🕐12～15時、15時30分～深夜
🈺無休

  美食 MAP P127-A1

Nautilus

在熱帶花園享用美味晚餐

現代澳洲菜的名店。熱帶花園中的開放式露天座位，晚餐時間點上油燈，充滿優雅氣氛。主餐A＄35～。謝絕8歲以下兒童入店。

DATA
🚌觀光服務處步行即到
🏠14 Macrossan St. 📞(07)4099-5330
🕐17時30分～凌晨
🈺無休（1～3月為週一、週二）

美食 MAP P127-A1

Cafe Eco

盡情品嘗熱帶水果

位於馬卡街正中間的露天咖啡廳。提供使用新鮮水果製作的冰沙及調酒A＄8～等，不妨在散步途中來一杯清爽的飲品。

DATA
🚌觀光服務處步行4分
🏠1/43 Macrossan St.
📞(07)4099-4056
🕐7時30分～16時30分 🈺週一

  購物 MAP P127-A1

Taste on Macrossan

適合作為伴手禮的澳洲食材

販售日配生鮮食品、罐頭、玻璃罐頭、乾貨等澳洲食材。特別推薦使用野生果實製作的果醬Earth Food Jam A＄8/130g，十分適合作為伴手禮。

DATA
🚌觀光服務處步行即到
🏠21/11 Macrossan St.
📞(07)4099-5999
🕐8時～17時30分 🈺無休

  購物 MAP P127-A1

Portfolio

妝點假期的時尚配件

以紅色與咖啡色為主色的家飾小物和度假服飾、配件等，販售從世界各地蒐集來的精選商品。項鍊A＄15～等價格實惠，讓假期更添風情。

DATA
🚌觀光服務處步行3分
🏠36 Macrossan St. 📞(07)4099-4489
🕐9時30分～18時（週日為10～16時）🈺無休

四哩海灘

沿著馬卡松街往東走，會來到凱恩斯周邊最長最美的四哩海灘（四哩≒約6公里）。偌大的弧形白色沙灘座落於太平洋邊，充滿藝術感的自然美景十分有名。特別是從觀景台（→P37）眺望出去的視野美得令人屏氣凝神。可以在規劃好的游泳區內戲水游泳，不過緊連著太平洋的海浪瞬息萬變，要十分注意安全。（MAP P127-A2）

絕對不能錯過觀景台上的美好景致！

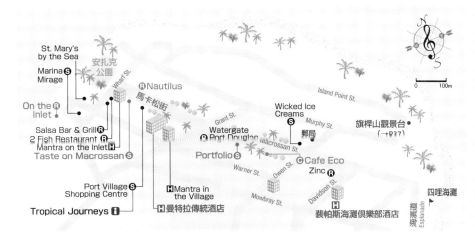

St. Mary's by the Sea
安扎克公園
Marina Mirage Ⓢ
On the Ⓡ Inlet
🅢Nautilus
馬卡松街
Salsa Bar & Grill Ⓡ
2 Fish Restaurant Ⓡ
Mantra on the Inlet Ⓗ
Taste on Macrossan Ⓢ
Wharf St.
Grant St.
Watergate Port Douglas
Island Point St.
Wicked Ice Creams Ⓢ
Murphy St.
郵局
Macrossan St.
旗桿山觀景台
（→P37）
Portfolio Ⓢ
Warner St.
Owen St.
Ⓒ Cafe Eco
Zinc Ⓡ
Davidson St.
Port Village Ⓢ Shopping Centre
Ⓗ Mantra in the Village
🅷曼特拉傳統酒店
Tropical Journeys ⓘ
Mowbray St.
裴帕斯海灘俱樂部酒店 Ⓗ
海濱道 Esplanade
四哩海灘
0 100m

除了馬卡松街之外，Wharf Street的西側也有一間Marina Mirage購物中心，提供美食與購物樂趣。
🕐9時～凌晨 🈺視店舖而異

075

飯店 MAP P127-A1

裴帕斯海灘俱樂部酒店
Peppers Beach Club Port Douglas

白沙灘泳池與純白建築
讓人彷彿置身地中海度假區

在道格拉斯港的眾多飯店中，擁有最佳地理位置的度假飯店。距離四哩海灘僅50m，精品店及餐廳集中的馬卡松街也是步行可到。不管是想要體驗水上活動，還是盡情購物享用美食，都能獲得極大滿足。提供設有私人陽台、按摩浴缸的SPA大套房及公寓型客房兩種房型。特別推薦從陽台可以直接跳進泳池的Lagoon豪華大套房，讓人想要在鋪有長50m、寬30m白砂的泳池旁，盡享美好假期。提供免費無線網路（500Mb以內）。

↑全客房皆為面海

↑現代時尚的舒適臥室
→早餐為單點式，可以選擇自己喜歡的餐點

↑在設有按摩浴缸的SPA房享受放鬆時光

DATA ⋯⋯⋯⋯⋯⋯ 🏨 🛍 ♨ ⛹
🚍觀光服務處步行10分 🏠20-22 Davidson St. 📞(07)4087-1000 💰SPA大套房A\$299～、單床大套房A\$399～、單床Lagoon豪華大套房A\$499～ 84室 🌐www.peppers.com.au/beach-club

這裡也要CHECK!
推薦設施

Exclusive Spa

SPA療程堅持使用澳洲品牌「LI'TYA」的產品。以石頭來進行的按摩「Dream Time Cold Stones」60分／A\$165、以及使用碎貝殼製作的面膜護理臉部45分／A\$115等提供多種特色療程。
🕘9～18時 🈺無休
🌐www.exclusivespas.com.au

水療機是該店的獨家設計　效果良好的金

飯店 MAP P127-A2

道格拉斯港蜃景喜來登度假酒店
Sheraton Mirage Port Douglas Resort

設備豐富多樣是道格拉斯港
首屈一指的度假飯店

位於大堡礁與戴恩樹熱帶雨林中間，建於四哩海灘沿岸上，為道格拉斯港最具代表性的高級度假飯店。鋪有沙灘的大型潟湖泳池是其象徵。130公頃的腹地內，設有舒適宜人的熱帶植物花園、18洞的高爾夫球場、網球場以及4間餐廳、酒吧等豐富完善的設施。傳統英式下午茶（15～17時）也很受歡迎。上網費用為A\$20／24小時，僅有飯店大廳提供無線網路。

↑泳池旁設有酒吧

→豐富的自然美景

DATA ⋯⋯⋯⋯⋯ 🏨 🛍 ♨ ⛹ 🌸 💼
🚍觀光服務處車程5分 🏠Port Douglas Road, Port Douglas 📞(07)4099-5888 💰花園景觀房A\$275～、泳池景觀房A\$329～、高級豪華房A\$360～ 294室、Villa 88棟
🌐www.sheratonportdouglas.com

這裡也要CHECK!
推薦設施

Il Pescatore

提供世界各國美味菜色的飯店餐廳。有讓人放鬆的舒適室內座位以及可以欣賞星空美景的戶外座位。美味的菜色，配上種類豐富的葡萄酒，享受一頓美好的晚餐時光。
🕘10～22時

有餐廳　有商店　有泳池　有健身房　有美體沙龍　有商務中心

飯店 MAP P127-B4

普爾曼道格拉斯港海神廟Spa度假村
Pullman Port Douglas Sea Temple Resort

入住Swimout客房
從房間直接跳進泳池中！

公寓型酒店式的大型度假飯店。穿過大廳就可以看到泳池和蔚藍的天空映入眼簾。可以直接從房間跳進泳池的Swimout客房是該飯店的魅力之一。共有8間的SPA客房內全都是是以人體工學來設計。大廳及客房的無線上網費用為A$19／1小時。

→主要是公寓型的客房

↑享受按摩水療及水中漫步

DATA⋯⋯
🚗觀光服務處車程7分 🏠Mitre St., Port Douglas 📞(07)4084-3500
🛏小套房A$400～、雙床公寓型客房A$587～、三床公寓型客房A$986～ 194室
🌐www.pullmanportdouglas.com.au/

飯店 MAP P127-A3

QT道格拉斯港酒店
QT Resort Port Douglas

在通風舒適的公共空間
悠閒享受度假

盛開的九重葛將度假飯店妝點得五彩繽紛，充滿南國風情。面向泳池的餐廳及泳池旁的酒吧都充滿開闊的度假氛圍。提供一般客房及公寓型客房等不同房型。上網費用為A$29／24小時。只有接待櫃臺設有無線網路。

→客房設有私人陽台

↑在泳池酒吧享用熱帶水果調酒

DATA⋯⋯
🚗觀光服務處車程5分 🏠87-109 Port Douglas Rd., Port Douglas 📞(07)4099-8900 🛏QT Resort客房A$350～ 168室
🌐www.qtportdouglas.com.au

飯店 MAP P127-A4

道格拉斯港華美達度假酒店
Ramada Resort Port Douglas

徜徉在森林浴中
大自然度假飯店

將熱帶雨林風光完全保留的自然度假飯店。蕨類植物及尤加利樹等數百種天然植物自然地生長，從泳池旁及客房看出去，可以欣賞到海灘及森林的兩種風光。挑高設計的接待櫃臺及大廳酒吧呈現出現代時尚感，開闊而明亮。餐廳及酒吧提供免費無線網路。

→以白色為基調的清爽大廳，充滿開放空間感

↑自然風格的高級客房

DATA⋯⋯
🚗觀光服務處車程5分 🏠316 Port Douglas Rd. 📞(07)4099-3333
🛏飯店客房A$250～、豪華客房A$270 130室
🌐www.ramada.com/portdouglas

飯店 MAP P127-A4

尼拉瑪雅Spa別墅
Niramaya Villas & Spa

在獨棟Villa內
享受奢華時光

穿過飯店大門後，眼前出現截然不同的風景。位於中央的湖泊，以及圍繞在旁邊的眾多Villa。全房型皆為獨棟Villa，保有旅客的私人隱私。提供1～4床的不同房型，高雅有品味的室內設計，每一棟都設有客廳、廚房、私人泳池，是一間極致奢華的度假飯店。接待櫃臺提供免費無線網路。

↑從餐廳可以眺望飯店的主游泳池
→寬敞舒適的豪華臥室

DATA⋯⋯
🚗觀光服務處車程6分 🏠1Bale Drive 📞(07)4099-1855 🛏單床房A$550～、雙床房A$630～ 35室
🌐www.niramaya.com.au

飯店 MAP P127-A1

曼特拉傳統酒店
Mantra Heritage Resort Port Douglas

擁有最佳地理位置

中庭的潟湖游泳池是該飯店特色，從客房可以直接跳進泳池的露台客房很有人氣。大廳及客房的無線網路費用為A$15／24小時。

DATA⋯⋯
🚗觀光服務處步行3分
🏠16 Warner St. 📞(07)4084-2300
🛏飯店客房A$170～、單床房A$210～ 44室
🌐www.mantraheritage.com.au/

當地為乾燥舒爽的氣候。不需要穿著長袖的5～10月份為道格拉斯港的旅遊旺季。
若要在這個時期前往飯店、餐廳、SPA，都需要提早預約。

海洋與森林，一次盡享兩座世界遺產
莫斯曼＆戴恩樹 P122-A1〜2

Mossman & Daintree

戴恩樹河以南為莫斯曼，沿著河可以來到戴恩樹國家公園。戴恩樹以北則是大堡礁及熱帶雨林兩座世界遺產的交接處苦難角地區。

觀光景點 MAP P122-A2

莫斯曼峽谷
Mossman Gorge

可以欣賞到原始林與清流的溪谷

被古老原始林包圍的溪谷。可以沿著溪谷內的500m及3.4km的健行步道漫步。溪谷入口設有「莫斯曼峽谷中心」，裡面展示著居住於此的原住民庫庫亞蘭吉族人的藝術品等。（時8〜16時休無休）

DATA
交凱恩斯市區車程1小時30分

觀光景點 MAP P122-A1
Bruce Belcher's
Daintree River Cruises

尋找動植物的周遊行程

遊船行程全程由具有豐富經驗的老闆進行導覽。可以觀賞到棲息於戴恩樹河的珍貴動植物。

DATA
交凱恩斯市區車程約2小時
住2856 Daintree Rd., Daintree
☎(07)4098-7717 時1小時船程的出發時間為8時15分、9時30分、11時、12時、13時30分、14時30分、16時 休無休 料1小時行程費用成人A$27（5〜15歲A$12）

觀光景點 MAP P122-A1

戴恩樹探索中心
Daintree Discovery Centre

認識戴恩樹的生態環境

透過園內的健行步道及木造塔，可以觀賞到戴恩樹的生態環境。運氣好的話，還可以遇見鶴鴕等野生動物。

DATA
交凱恩斯市區車程2小時30分
住P.M.B.28 Mossman
☎(07)4098-9171
時8時30分〜17時 休無休
料成人A$32（5〜17歲A$16）

飯店 MAP P122-A1

希爾奇橡樹酒店
Silky Oaks Lodge

被負離子包圍
來到度假小屋療癒身心

融合了莫斯曼河與熱帶雨林風情的度假飯店，帶有一股神秘氣息。全房型皆為獨立小屋，共有河景客房、被森林包圍的山景客房等三種。每間客房皆設有按摩浴缸。使用Sodashi產品的熱門SPA，最晚需提前5天預約。提供苦難角等飯店主辦的各種豐富旅行行程。

↑客房內的私人陽台設有吊床
→SPA療程可以接受夫妻或情侶同行

DATA
交凱恩斯市區車程1小時30分 住Finlay vale Rd., Mossman ☎(07)4098-1666
料山景客房A$498〜、河景客房A$698〜 40室 網www.silkyoakslodge.com.au/

飯店 MAP P122-A1

Daintree Eco
Lodge & Spa

擁有自豪的SPA療程的生態小屋

佇立在閑靜森林中的架高式小屋。其SPA療程受到世界各國雜誌好評，有不少遊客專程前來體驗。

DATA
交凱恩斯市區車程1小時30分
住20 Daintree Rd., Daintree
☎(07)4098-6100 料標準型Villa A$550〜、SPA Villa A$598〜 15室 網www.daintree-ecolodge.com.au/

必看景點　絕佳景觀　所需時間30分　所需時間30〜120分　所需時間120分以上
有餐廳　有商店　有泳池　有健身房　有美體沙龍　有商務中心

Great Barrier Reef

大堡礁

INDEX

區域導覽…P80
周遊觀光之旅…P84
遊玩行程
　漢密爾頓島…P86
　海曼島…P92
　白日夢島…P94
　蜥蜴島…P96
　麥克馬斯珊瑚礁…P97
　費茲羅伊島／福臨島…P98
還有還有！
　度假島…P99
　戶外活動…P101

大堡礁正中央，以大堡礁
海上平台（→P85）為起
點，可以體驗各種水上活
動。

079

大堡礁
區域導覽
Area Navi

大堡礁是世界上規模最大的珊瑚礁群。
漂浮在世界遺產的海洋上，是一座美麗的度假樂園。
一起來盡享美好的假期時光吧！

要掌握！

3個重點

Point 1 ◀ 要留宿哪一座島？
在大堡礁的900多座島之中，被開發為度假島的約有20座。基本上一座島上有一個度假區，根據各島特色來選擇適合自己的島吧！

Point 2 ◀ 要如何前往？
一般而言會以凱恩斯（→P9）為交通起點，乘坐飛機或船前往。從凱恩斯前往北部地區可以當天來回。欲前往聖靈群島，可於漢密爾頓島搭乘飛機前往。

Point 3 ◀ 有什麼活動可以體驗？
體驗浮潛、潛水、拖曳傘以及海上遊覽等多采多姿的戶外活動，讓人充滿期待。還有最重要的是，在度假區讓身心放鬆是大堡礁最大的魅力所在。

大堡礁指的是？
大堡礁是位於澳洲東北部近海，綿延約3000km的珊瑚礁群。主要分為凱恩斯近郊的北部地區、以漢密爾頓島為主的聖靈群島，以及南邊的南部大堡礁三個區域。

奢華享受
海曼島　　　★
　　　　　　蜥蜴島
漢密爾頓島 ★

適合家族旅行　　　　適合情侶、夫妻

　　　★白日夢島
福臨島　　　　　★
　　　　　　費茲羅伊島

價格實惠

Point 1
要留宿哪一座島？

→P86 *Hamilton Island*

大堡礁規模最大的島

漢密爾頓島 MAP P121-A 1

大堡礁最具代表性的觀光度假島，匯集了飯店、美食以及購物樂趣。同時也是聖靈群島的起點，欲前往周邊其他島嶼要從此處搭船。

周遊島內的電動車很受歡迎

CHECK!
●前往心形礁、白天堂沙灘空中遊覽（→P90）
●水上運動（→P90）
●Beach Club（→P91）

Access>>> →P86

從水上飛機眺望漢密爾頓島全景

五星度假飯店「Qualia」

「Beach Club」飯店的海邊泳池

➡P96 *Lizard Island*

蜥蜴島

MAP P120-A1 **4**

位於大堡礁最北邊，擁有許多浮潛及潛水點。在這裡手機收不到訊號，適合想要假期不會被打擾的旅客。

Access>>> →P96

潛水愛好者的潛水聖地

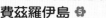

可以從凱恩斯當天來回的島

費茲羅伊島 **5**
Fitzroy Island ➡P98　MAP P122-B2

靠近澳洲本島的自然島嶼

從凱恩斯出發的熱門一日遊景點。可以體驗浮潛、Paddle Ski、玻璃底船等豐富海上活動。

Access>>> →P98

福臨島 **6**
Frankland Islands →P98　MAP P122-B3

與專業導遊一起前往無人島探險

福臨島是位於凱恩斯近海約45km處的六座島嶼。不論是在島內漫步遊逛，或是於海邊浮潛都很受歡迎。

Access>>> →P98

受到國際名流愛戴的高級度假區

➡P92 *Hayman Island*

海曼島

MAP P121-A1 **2**

大堡礁內首屈一指的頂級度假區。豪華的設施與華麗的排場，加上貼心細膩的服務，讓每一個造訪的旅客都感到賓至如歸。提供潛水與日落周遊觀光船等豐富行程。

CHECK!
● 水上運動（→P92）
● 住宿度假飯店（→P93）

Access>>> →P92

➡P94 *Daydream Island*

白日夢島

MAP P121-A1 **3**

可以步行走完一圈的小島。提供浮潛等多種戶外活動，還有兒童用的遊樂設施等設備完善。有野生小袋鼠棲息於此。

Access>>> →P94

可以遇見野生動物的夢幻樂園

合格斯 P100
島 P100
arcke
ational
ark

4 蜥蜴島 P96
Lizard Is.
● 鱈魚洞
Cod Hole

○ 庫克鎮

○ Mt.Finnigan
1148
keland
wns

南太平洋
South Pacific Ocean

熱帶島嶼

美斯曼 ➡P11
道格
斯港
P74
凱恩斯
P9

● 諾曼外堡礁
● 薩克森礁
● 凱恩斯機場
綠島 P32
Green Is.
Flora Reef
5 費茲羅伊島 P98
Fitzroy Is.

6 福臨島 P98
Frankland Is.
● 因尼斯費爾
● 任務海灘
Mission Beach
● 敦克島
● 貝達拉島

edy Hwy.
Kennedy Hwy.
Ravenshoe
Mount Garnet

● 卡德韋爾

● 英厄姆
greenvale

Bruce Hwy.

Flinders Hwy.
tland
rrens
Creek

昆士蘭省
QUEENSLAND

磁島

湯斯維爾 P100
Townsville
Mt.Elliot
▲1234
恩

● 欣欸布魯克島
● 奧費斯島 P99
● 棕櫚島

Mt.Abbot
1056
● 鮑恩

Woodstock

查特斯堡

Dalrymple
Lake

Collinsville

普羅斯培林
普羅斯培林機場

P100 修特港
Shute Harbour

艾爾利海灘（艾爾利港）P100
Airlie Beach (Port of Airlie)

2 海曼島 P92
Hayman Is.
心形礁 P90
Heart Reef

胡克島

3 白日夢島 P94
Daydream Is.
南莫爾島 P100

聖靈群島
● 布蘭普頓島

11 漢密爾頓島 P86
Hamilton Is.

● 蓮達文島
白天堂沙灘 P90
White Heaven Beach
● 麥凱

Pompey
Complex

聖靈群島

大堡礁海洋公園
Great Barrier Reef Marine Park

Great Barrier Reef
大堡礁

Mount Coolon

Glenden

Moranbah

Lake
Buchanan

Lake
Galilee

Peak Downs
Hwy.

Dysart

布魯斯高速公路

● Cape Palmerston
National Park

Swain Reefs

Clermont

Capella
Gregory
Hwy.

馬爾堡

Byfield
National Park

大堡珀爾島 P100
黑容島 P99

格拉德斯通 P100
Gladstone

伊麗特女士島 P99

N

100km

Jericho
Bongantungan
Anakie
Emerald
Alpha
Blackwater
Mount Morgan

Yeppoon
羅克漢普頓

Blackdown
Tableland
National Park

往弗雷澤島 P100
往赫維海灣 P100

71
66
66
17

Point 2　要如何前往？
前往大堡礁的交通方式

凱恩斯是前往大堡礁的主要起點。要前往大堡礁的觀光重鎮聖靈群島，可於漢密爾頓島搭乘飛機較為方便。要去綠島及費茲羅伊島則可於凱恩斯搭船前往。

從凱恩斯出發

凱恩斯 Cairns ➡P9

飛機 ✈

前往蜥蜴島，可於凱恩斯的通用航空廈（MAP P123-A1）搭乘小型飛機，航程1小時，一天2班。
🚗凱恩斯市區出發前往通用航空廈車程15分
※需於30分前完成報到手續

前往漢密爾頓島，可於凱恩斯機場國內線航廈搭乘澳洲航空的直飛班機，航程1小時30分，一天1～2班。
🚗凱恩斯市區前往凱恩斯機場車程10分
※需於45分前完成報到手續
前往白日夢島、南莫爾島，可於漢密爾頓島搭船前往。
前往海曼島，可於漢密爾頓島搭乘專用高速艇或是直昇機前往。

渡輪 🚢

前往綠島、費茲羅伊島
可於大堡礁遊艇碼頭（MAP P125-D3）搭乘渡輪。
🚗Cairns City Bus Station前往大堡礁遊艇碼頭步行10分　※需於30分前完成報到手續

從其他地點出發

湯斯維爾 Townsville ➡P100

直昇機

前往奧費斯島，可於湯斯維爾機場搭乘直昇機，航程30分。

艾爾利海灘（艾爾利港）
Airlie Beach（Port of Airlie）➡P100

渡輪

有開往漢密爾頓島、白日夢島、海曼島的渡輪。

修特港 Shute Harbour ➡P100

渡輪

有開往漢密爾頓島、南莫爾島的渡輪。

格拉德斯通 Gladstone ➡P100

直昇機

前往黑容島，可於格拉德斯通機場搭乘直昇機，航程30分。

渡輪

前往黑容島，可於格拉德斯通碼頭搭乘渡輪，船程2小時。

赫維海灣 Hervy Bay ➡P100

飛機 ✈

前往伊麗特女士島，可於赫維海灣機場搭乘小型飛機，航程40分。

※根據航班、船班狀況，所需交通時間會有變動。搭乘前請先行確認。

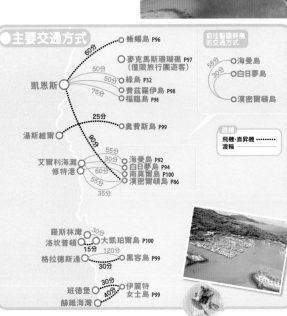

1.在沙灘邊的度假飯店悠閒地吃早餐　2.白日夢島的海灘　3.大堡礁中央部　4.可參加從漢密爾頓島出發的旅行團到綿延約6km的白天堂沙灘

●主要交通方式

- 凱恩斯
  - 60分 蜥蜴島 P96
  - 50分 麥克馬斯珊瑚礁 P97（僅限旅行團遊客）
  - 50分 綠島 P32
  - 75分 費茲羅伊島 P98／福臨島 P98
  - 25分 奧費斯島 P99
- 湯斯維爾
  - 90分
- 艾爾利海灘／修特港
  - 55分 海曼島 P92
  - 30分 白日夢島 P94
  - 60分 南莫爾島 P100
  - 55分 漢密爾頓島 P86
  - 35分
- 羅斯林灣 30分 大凱珀爾島 P100
- 洛坎普頓 15分
- 格拉德斯通 120分 黑容島 P99
  - 30分
- 班德堡 30分 伊麗特女士島 P99
- 赫維海灣 40分

前往聖靈群島的交通方式
- 55分 海曼島
- 30分 白日夢島
- 漢密爾頓島

圖解
飛機‧直昇機 ┄┄┄┄
渡輪 ━━━━

●澳洲航空（中文）🌐https://www.qantas.com/travel/airlines/home/tw/zh_TW

Point 3　有什麼活動可以體驗？

暢遊大堡礁的最佳玩法

高雅的度假飯店以及豐富多樣的戶外活動……
大堡礁的樂趣無窮！
在度假島上享受一個最棒的假期吧！

1.Qualia的
Villa附設泳池
2.水上活動的
據點

1 登上大堡礁海上平台來去暢遊水上活動

設於近海的固定式浮動平台。以此處為據點來體驗浮潛、潛水等水上活動。清澈透明的近海可以觀賞到許多熱帶魚。

CHECK! ●大堡礁海上平台→P85

1.位於海上的浮動平台
2.在清澈透明的海中浮潛

2 在海灘享受水上運動

每個度假區都有提供拖曳傘、海上划艇等，不需要出海也可以輕鬆體驗的水上運動。部分活動可以免費體驗。

CHECK!
●水上運動→P90
●水上摩托車→P95

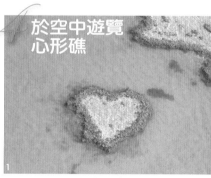

在拖曳傘上感受海風吹拂

3 住宿度假飯店

有部分島嶼可以從凱恩斯當天來回，不過也很推薦留宿在島上享受悠閒的假期。體驗SPA療程舒緩放鬆，或是在泳池邊享用早餐，感受這個夢幻美好的度假時光。

1.來到Qualia（→
P91）悠閒放鬆　2.遊艇停靠於海灘上　3.熱門SPA　Wumurdaylin
（→P89）

CHECK!
●漢密爾頓島→P91
●海曼島→P93
●白日夢島→P95

於空中遊覽心形礁

心形礁是浮在鈷藍色海上的愛心形珊瑚礁。因為不是島嶼所以無法走上去，可以搭乘水上飛機或直昇機從空中遊覽欣賞。

CHECK! ●空中遊覽
→P90

1.幸福的象徵，心形礁
2.從水上飛機上眺望

從凱恩斯當天來回外堡礁

各家旅行社都有推出凱恩斯出發前往外堡礁的遊船行程。諾曼外堡礁和摩爾外堡礁等，依據不同行程前往不同的外堡礁。建議於行前確認目的地。（→P84）

前往無邊無際的海洋樂園
參加遊船觀光行程
出發來去外堡礁！

想要遇見大熱帶魚，
就要離開凱恩斯的海岸線，前往近海才有機會。
一起加入周遊觀光之旅前往大海原，盡情享受世界最大的珊瑚礁以及
七彩繽紛的熱帶魚美景吧！

外堡礁是指？

位於大堡礁近海的數座珊瑚礁的總稱。外堡礁的海水清澈透明，熱帶魚的種類豐富，是全世界潛水愛好者心目中的潛水聖地。要前往外堡礁，參加旅行社舉辦的遊船行程是最方便的選擇。通常會在早上8點左右出發，乘坐高速船前往活動據點處，然後在近海體驗約5小時的活動，下午4點左右打道回府。行程包含午餐。

依出發地分類的 外堡礁觀光行程

出發	行程名	出發時間／所需時間	出團日／費用	內容	洽詢專線
由凱恩斯出發	Great Barrier Reef Adventure	10時30分出發／約7小時	每天／A$214（4～14歲A$110，3歲以下免費）附午餐。含環境保護稅)	直接前往諾曼外堡礁或摩爾外堡礁上的海上平台。乘坐玻璃底船或半潛水艇，不下水也可以欣賞海底風光。也可以體驗浮潛，珊瑚礁和熱帶魚都近在咫尺。	Great Adventures ☎1800-079-080
	Sunlover Reef Cruises	10時出發約7小時30分	每天／A$190（4～15歲A$80，3歲以下免費、附午餐）	停靠在摩爾外堡礁上的海上平台。費用中包含了體驗浮潛、玻璃底船以及半潛水艇。另有提供臉不會濕的頭罩潛水設備，可以另加價體驗。	Sunlover Reef Cruises ☎1800-810-512
	Marine World Cruises	9時出發約8小時	每天／A$190（4～14歲A$90，3歲以下免費、附午餐）	以停靠在摩爾外堡礁上的海上平台「Marine World」為據點，體驗水上活動。離珊瑚礁非常靠近，光是浮潛就能盡情享受海洋之美。	Reef Magic Cruises ☎1300-666-700
	Michaelmas Cay Cruises（→P97）	8時30分出發／約8小時30分	每天／A$207（4～14歲A$132，3歲以下免費、附午餐）	乘坐豪華帆船前往外堡礁上的小砂島麥克馬斯珊瑚礁。在海灘上遊玩觀光，初學者也能安心享樂。新鮮海鮮的豪華午餐超受歡迎。	Ocean Spirit Cruises ☎1300-858-141
	Michaelmas Cay Paradise Reef	8時30分出發約9小時	每天／A$149（4～14歲A$99，3歲以下免費，附午餐。環境保護稅A$10）	來到麥克馬斯珊瑚礁後，停靠在珊瑚礁和熱帶魚的樂園天堂礁附近，享受浮潛和潛水（需加價）樂趣。帆船航遊也充滿魅力。	Passions of Paradise ☎1800-111-346
由凱恩斯郊區出發	Quicksilver Outer Barrier Reef Cruises	8時出發（提供凱恩斯的飯店接送）約10小時	每天／A$240（4～14歲A$123，3歲以下免費，附午餐。含環境保護稅、需支付燃料稅A$5）	從道格拉斯港乘坐高速船出發，前往最北邊的阿金庫暗礁。在清澈透明的海洋體驗水上活動與設備完善的海上平台，相當受歡迎。	Quicksilver Cruises ☎(07)4087-2100

※行程內容、資訊會有變動，詳情請洽詢各家旅行社。

♪ 為了保護大堡礁的環境，造訪大堡礁的旅客都需要支付EMC（Environmental Management Charge）環境保護護稅。費用會視旅行社及滯留時間而異。

大堡礁海上平台 Pontoon是指？

各家旅行社在堡礁上設置的固定型浮動平台。乘坐旅行社的船前往海上平台。旅客從船上移動到海上平台，以海上平台為據點，體驗各種水上活動。海上平台設有更衣室、淋浴間，設備完善。天氣不好的時候，海上平台也幾乎不會晃動，不需要擔心暈船。

※本頁介紹Quicksilver Cruises（→P84表）公司的海上平台

攜帶物品清單

要下水的話需要準備泳裝、毛巾、換洗衣物、防曬用品。搭船前往海上平台時，可能會劇烈搖晃，容易暈船的人可以於乘船前服用暈船藥。船艙中冷氣很強，可以帶一件外套預備。記得穿著海灘拖鞋或可以碰水的鞋子出遊。

乘船處

周遊觀光船停靠在海上平台旁後，觀光船的出入口會跟海上平台連接，可以自由出入兩邊。出發前準備好回程行李，然後回到船上等待發船。

海底觀察站

海上平台的底部是一座玻璃製的海底觀察站。可以透過玻璃觀賞珊瑚礁與熱帶魚。不用下水也可以欣賞海底世界，適合幼童與不想游泳的遊客。

更衣室&置物櫃&洗手間

海上平台上設有更衣室（男女共用）、船上的洗手間可以自由使用。貴重物品可以放在船內的置物櫃，或請工作人員幫忙保管。部分海上平台上設有郵筒。

淋浴間

設有簡易淋浴間。淋浴用的水會直接流進海中，為了保護海洋，要記得不要使用沐浴乳或是肥皂。也不需要使用太多水，簡單沖掉身上的海水就可以了。

餐飲&商店

到了中午用餐時間，廚層吧台上會排滿海鮮、肉類、沙拉、甜點等餐點，可以自由取用。商店有販售霜淇淋、啤酒，還有筆、水壺扣環、T-shirt等大堡礁紀念品。

⇧可以自由取用的自助式餐點

➡紀念T-shirt
A$28

➡午餐種類豐富

↑紀念品商店

租借裝備及水上活動

免費出租面鏡（可選度數）、蛙鞋、救生衣等浮潛裝備。也可以租借防水母螫咬的萊卡連身水母衣A$7、在低水溫處可以禦寒的防寒衣A$12。還有配戴供氧頭盔的海底漫步等自費活動。

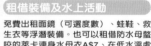

⬅海底漫步
A$150

⬇做好暖身操之後準備下水

↑豐富完善的潛水裝備

⬇蛙鞋尺寸齊全

租借一覽表
● 萊卡連身水母衣…A$7
● 帶度數面鏡…免費
（有度數限制）

度假遊玩行程♪PLAN **1**

大堡礁規模最大的度假島
漢密爾頓島
Hamilton Island

MAP P121-A1

漢密爾頓島是澳洲的島嶼度假地當中，提供最多元豐富的娛樂設施及戶外活動，設備也最為完善的島嶼度假地。從美食到購物，可以滿足各種不同需求，讓每個遊客都能度過一個理想中的美好假期。

1 白天堂沙灘（一→P90）的景觀美不勝收　2品嘗熱帶水果調酒感受度假氣氛　3一出飯店就看到海灘　4不要忘記抱抱無尾熊

漢密爾頓島度假村
Hamilton Island Resort
島內的大部分設施都是由漢密爾頓島度假村所經營管理。可以透過免費內線電話聯絡其他設施。

📞(07)4946-9999（代表號）　🌐www.hamiltonisland.com.au/
e-mail:asia.reservation@hamiltonisland.com.au

度假村設施

🏨🏊🍴♨🎱🎪🎡
🎿🖥🛏🗄🚿🚻

免費戶外活動 不需要馬達的水上運動（浮潛、海上划艇等）、沙灘排球、山林步道健行、雙體船等

自費戶外活動 潛水、滑水、迷你高爾夫、18洞高爾夫球等60種以上的選擇
※欲參加各種戶外活動及自選行程，可於度假村內的旅行社櫃臺報名📞(07)4946-8305

前往漢密爾頓島的交通方式

從台灣沒有直航班機
● **從凱恩斯出發**
於凱恩斯國內線機場搭乘澳洲航空每天有1～2班。（8時15分從凱恩斯出發，9時25分抵達漢密爾頓島）可透過澳洲航空或旅行社預約訂票
● **從艾爾利海灘（艾爾利港）出發**
Cruise Whitsundays遊船公司每天有9班船來往航行
🚢單程成人A\$59、4～14歲A\$37，船程45～85分鐘
● **從修特港出發**
Cruise Whitsundays遊船公司每天有3班船來往航行
🚢單程成人A\$59、4～14歲A\$37，船程35分鐘

遊島小建議

除了主要設施匯集的西北邊以外，島嶼的其他地區都是野生動物棲息的森林。P88～P89中介紹的區域可以步行遊逛，也可以租借電動車（高爾夫球車1小時A\$46～），在上下坡繁多的島內自由移動。還有在碼頭和飯店之間提供免費接送的巡迴巴士（Hamilton Island's shuttle bus），以及共乘計程車（預約制）可供搭乘。機場到飯店的接駁巴士會配合班機時間發車。

三天兩夜度假行程

第1天
上午 島內漫步

租借電動車在島內遊逛。或是參加電動車觀光行程（A\$12），會得到許多寶貴的資訊及最佳景點介紹。

下午 在海灘乘坐雙體船
在貓眼海灘體驗雙體船或海灘獨木舟。觀賞海洋裡面的熱帶魚。

第2天
上午 感受大堡礁的醍醐味
心形礁和白天堂沙灘是漢密爾頓島的必看景點。欲搭乘小型水上飛機前往的話，需提前預約。

下午 參加夕陽周遊觀光行程
在夕陽西下時搭乘周遊觀光帆船，感受風平浪靜的浪漫時刻。一手拿著香檳，欣賞夕陽餘暉的落日美景。

🏞絕佳景觀　😋必看景點　🍴有餐廳　🏠有商店　🏊有泳池　💪有健身房　💆有美體沙龍　⛳有高爾夫球場
🧺有洗衣機　🎾有網球場　🌐有提供網路　🛁有浴缸　🔒有保險櫃　❄有冰箱　👶有兒童服務

盡情暢遊
水上運動
噴射快艇拖曳傘、潛水、滑水、帆船等，來到漢密爾頓島上體驗五花八門的水上運動。

種類豐富
戶外活動
卡丁車、迷你高爾夫以及新設的18洞高爾夫球場等，在寬敞的園區內享受各種戶外活動。

漢密爾頓島
Best of Best

根據目的和人數來選擇
度假飯店
有五星級的Qualia、未滿18歲不能入住的Beach Club、高樓層景觀飯店Reef View Hotel等豐富的住宿選擇。

超越奢華撼動人心
空中遊覽
只能從上空觀賞的心形礁和白天堂沙灘是漢密爾頓島的必玩行程。

漢密爾頓島的戶外活動一覽表 ※★越多表示難易度越高

戶外活動	難易度	需要時間	費用	備註
夕陽帆船	★	1小時30分	A$69	乘著帆船航遊觀光。附啤酒、香檳或葡萄酒
噴射快艇	★★★	30分	A$65	乘著噴射快艇任的藍的海上奔馳
海戰車	★★★	10分	A$30	乘坐在橡皮艇上，像滑水般被電動船往前拖
拖曳傘	★★★	1小時	A$100	穿戴著降落傘，被電動船拖曳，在空中遊覽
迷你高爾夫	★	無時間限制	A$15	有上下坡的迷你18洞高爾夫
18洞高爾夫	★★	9洞 2小時30分 18洞 5小時	9洞 A$100 18洞 A$150	利用坡面地形的比賽級高爾夫球場，讓高爾夫球好手也能大顯身手
卡丁車	★	10分	A$49	情侶也能一起在賽場體驗賽車樂趣

※「18洞高爾夫」的所需時間不包含1小時的移動時間。費用包含來回乘船票價及高爾夫球車費

1 Marina Village

碼頭鎮

碼頭鎮是漢密爾頓灣周邊眾多餐廳及商店匯集的區域。用餐、購買日用品及伴手禮都相當方便。◙度假中心步行9分

➡一日遊的船從這裡出發

2 購物 Hamilton Island Design

販售繪有漢密爾頓島熱帶魚的插圖商品。可以在這裡買到可愛紀念品。◙度假中心步行10分 ☎(07)4946-8565 ⏰9～21時 ◙無休

⬇販售豐富原創商品

3 購物 The Gallery

販售以海洋為主題的藝術作品。也有配件及小飾品等實用的商品。另設有藝術學校。◙度假中心步行13分 ☎(07)4948-9657 ⏰8時30分～17時 ◙週日

➡可以買到充滿特色的精選伴手禮

想怎麼玩就怎麼玩！
遊逛漢密爾頓島

漢密爾頓島的主要設施集中在島的北邊。餐廳及商店位於西北側，為主要鬧區。還有位於坡地上的度假飯店，以及提供水上活動體驗的貓眼海灘。

地圖標示

- Hamilton Island Pharmacy（藥局）S
- The Gallery 3
- 海上獨木舟
- 碼頭
- Yacht Club Villas P91
- Bommie Restaurant 4
- Marina Tavern Pub R
- Bottle Shop S
- 機場
- 前往海曼島、白日夢島的船從這裡出發
- Hamilton Island Water Sports P90
- 碼頭鎮 1
- Dinghy Hire
- Bob's Bakery 8
- Oasis Apartments Hamilton Island
- Hamilton Island Air P90
- Manta Ray Café 7
- Romano's 9
- 前往高爾夫球場的渡輪乘船處 P90
- Hamilton Star Dinner Cruise
- Cruise Whitsundays P90 N
- 潛水站
- 從這裡出發前往心形礁、白天堂沙灘的飛行之旅
- Mariners Seafood Restaurant R
- S General Store
- 澳洲郵政（郵局）
- 2 Hamilton Island Design
- Ice Cream Parlour R
- 漢密爾頓島野生動物園 6
- Palm Bungalows P91
- Spa Wumurdaylin 10
- Palm Bungalows P91
- 度假區電動車 P90
- 醫療中心（診所）
- 11 All Saint Chapel
- Island Bar
- 迷你高爾夫
- 運動俱樂部
- 海上運動
- 度假中心
- Sails Steak and Seafood Grill 5
- 會議室
- 海豚池
- Resort Store
- 遊客中心
- 西太平洋銀行 Westpac
- Reef View Hotel P91
- Beach Club P91
- Bougainvillea Pool
- 貓眼海灘
- Hibiscus Lodge
- Lagoon Lodge
- 高爾夫球練習場
- 射擊運動場
- 卡丁車賽車場

4 美食 Bommie Restaurant

遊艇俱樂部附設的美食餐廳，謝絕12歲以下兒童。高雅的澳洲菜廣受好評。◙度假中心步行15分 ☎(07)4948-9433 ⏰18～21時 ◙週日、週一

⬇時髦的餐廳。主餐為A$48起

5 美食 Sails Steak and Seafood Grill

提供豐富多樣的亞洲菜，從早營業到晚的休閒餐廳。◙位於度假中心內 ☎(07)4946-8562 ⏰7～21時 ◙無休

⬇可飽覽貓眼海灘的絕佳美景

6 觀光 Wild Life Hamilton Island

漢密爾頓島野生動物園

為小型動物園，飼育多種澳洲獨有的動物。可以在附設的咖啡廳一邊觀賞無尾熊一邊享用早餐。◙度假中心步行2分 ☎(07)4946-9078 ⏰7～17時 ◙無休 💰A$20

⬇抱無尾熊體驗，每天1次。A$35～

🗓需事先訂位

7
Manta Ray Cafe
可以外帶和外送的窯烤披薩是該店的招牌菜。設有海景座位的休閒餐廳。
🚶度假中心步行10分
📞(07)4946-8096
🕐12～22時 🈳無休

8
Bobs's Bakery
販售剛出爐的麵包及派點。巧克力可頌A\$2最有人氣。
🚶度假中心步行13分
📞(07)4946-8281 🕐7～16時
🈳無休

◀麵包和派點的種類眾多。還有澳洲肉派A\$4.50等

➡適合作為早餐或簡單的午餐

義大利披薩A\$24等很受歡迎

9
Romano's
以實惠的價格提供使用新鮮海鮮製作的義大利菜。餐廳擁有極高人氣，建議提早預約。
🚶度假中心步行10分 📞(07)4946-6821
🕐18時～21時45分 🈳無休 ⬇

➡前菜A\$21～，主餐A\$33～

設有圍欄，僅供住房客入內

Qualia P91 🏨

菲扎蘭島

左圖

獨樹山

貓眼海灘

Sunrise Bay

漢密爾頓灣

通道峰
North East Point

漢密爾頓島度假村

East Point

丹特島

🏌
Hamilton Island
Golf Club P90

機場

珊瑚灣

Club Bay

Driftwood Bay

Escape Beach

South West Head

South East Head

Turtle Rocks

Turtle Island

South Head

N

0 1km

🏨 Peninsula

🏨 Coolinda Gardens

🏨 Bella Vista
Whitsunday Views

🏨 North Cape
La Bella Waters

⑫ 獨樹山

能夠眺望碼頭及貓眼海灘的山丘。特別是日落時最美

美輪美奐的彩繪玻璃窗

10
Spa Wumurdaylin
提供按摩、護理等療程，讓日曬和疲勞的身體得到舒緩。按摩60分鐘A\$130起。🚶度假中心步行5分
📞(07)4946-0669 🕐9－19時
🈳無休

熱門SPA，需提前預約

11
All Saints Chapel
白色教堂位在能夠眺望貓眼海灘的山丘上。有許多情侶來到充滿綠意的浪漫教堂舉行結婚典禮。
🚶度假中心步行10分
🕐24小時 🈳無休 🈯免費參觀

📷 🌅 One Tree Hill

12
獨樹山
可以將珊瑚礁海洋及周邊島嶼一眼望盡的絕佳觀景點。12～19時營業的Sunset Cocktail Bar也頗受好評。🚶度假中心步行20分

可以眺望到聖靈群島等周邊島嶼

乘坐水上飛機前往白天堂沙灘

想在漢密爾頓島體驗的
人氣戶外活動

漢密爾頓島上能體驗60種的戶外活動。
可以在空中欣賞珊瑚礁海洋，
或是在海中觀察海底世界，親近大自然。
還有不要錯過了心形礁和白天堂沙灘等周邊人氣景點！

空中遊覽

乘坐水上飛機或直昇機，從空中欣賞大堡礁美景。水上飛機Dream Tour行程會在空中眺望心形礁，再前往白天堂沙灘停留約1小時30分鐘。或是乘坐直昇機的Reefworld Fly行程，前往海上平台體驗水上活動等各種豐富行程。

↑將鈷藍色大海和珊瑚礁盡收眼底

(洽詢處) **Hamilton Island Air**

📞(07)4946-9599 🕐7時～17時30分 休無休 🎫Dream Tour A$599（全程3小時，提供接送，附氣泡酒、果汁、水果。最少成行人數2位） Reefworld Fly A$699（全程3小時，提供接送。附飲料、點心。最少成行人數2位）

遊船觀光

↓參加Reefworld Cruise行程前往海上平台

有各種觀光高速雙體船可以選擇。參加前往海上平台的Reefworld Cruise行程，能以海上平台為據點，享受浮潛、半潛水艇、海底觀察站等體驗。

↑也有前往白天堂沙灘的行程

Cruise Whitsundays

📞(07)4946-4662 🕐6～18時 休無休 🎫Reefworld Cruise A$230（全程8小時，提供接送。附午餐、飲品）

高爾夫

從漢密爾頓島碼頭搭乘渡輪10分鐘左右船程的丹特島上，有18洞高爾夫球場。曾任英國高爾夫球公開賽中5度奪冠的Peter Thomson一手設計的高爾夫球場，讓初學者到經驗豐富的好手都能享受打高爾夫樂趣。1個人也能參加。有提供的鞋子、球桿租借。

↑標準桿71桿的比賽級球場 全長6120m

(洽詢處) **Hamilton Island Golf Club**

📞(07)4998-9760 🕐6時30分～17時30分 休無休 🎫One Play 18洞 A$150、9洞／A$100

↑高爾夫會館設有餐廳及酒吧

水上運動

被電動船拖曳，在空中散步的拖曳傘舒爽暢快。還有滑水、海戰車、乘坐電動船出海浮潛、噴射快艇釣魚、高速遊艇等，體驗五花八門的水上運動暢享無限樂趣。

(洽詢處) **Hamilton Island Water Sports**

📞(07)4946-9934 🕐8～17時 休無休 🎫拖曳傘 單人A$100～、滑水 10分 A$45～、海戰車A$30（最少成行人數2位）

↑乘坐拖曳傘感受海風吹拂，盡享海洋美景！

check!

→傳說兩個人一起看到心形礁，愛會更加深厚

心形礁及白天堂沙灘

位於距離漢密爾頓島西北側70km的海上，愛心型的大珊瑚礁即為心形礁。可以乘坐直昇機或水上飛機於空中遊覽。而被譽為世界上最美的白天堂沙灘位於聖靈群島上，6km長的純白矽砂海灘綿延而去。可以從漢密爾頓島搭乘水上飛機或周遊觀光船前往。

↑白天堂沙灘沒有魚類棲息，所以較不適合體驗浮潛

度假區電動車

可以參加高爾夫球車周遊島內一圈的觀光行程，全程約1小時。造訪商店街、獨樹山、高級別墅區等地。也可以租借電動車在島內自由移動（需持有國際駕照）。

↓開闊舒暢的電動車觀光之旅

(洽詢處) 📞(07)494-8263 🏨Reef View Hotel（→P91）🕐7時30分～18時30分 休無休 🎫A$12（需另支付電動車租借費1小時A$46～）

●各種戶外活動的諮詢及預約請洽詢漢密爾頓島度假村（→P86）

設施豐富完善的
度假村導覽

島內的度假飯店五花八門選擇豐富。
高雅的設施及貼心的服務而廣受好評。
在度假村內移動時可以搭乘度假村電動車（→P90）
或是免費接駁車
※度假飯店的諮詢及預約請洽詢漢密爾頓島度假村（→P86）

→客房內陽台設有日光
甲板

Beach Club

→無邊際泳池前就是蔚藍的海灘

可以暢享海灘美景的度假飯店

全房型皆為貓眼海灘觀景房的
高級飯店，房客限定需滿18歲
以上。高雅的環境與優質的服
務深受好評，受到許多新婚夫
妻喜愛。無邊際泳池、俱樂部
交誼廳、餐廳等為房客專用。

→明亮舒適的客房很
適合情侶或夫妻

💰A$595～（附早餐）　57室

Qualia

→部分Pavilion設
有私人泳池

擁有獨家隱蔽空間的
五星級飯店

位於島上的北邊，只有房客可
以前往的度假村內，設有許多
寬敞的Pavilion，而且全部都
能眺望珊瑚海美景。設有私人
泳池或240㎡大的客房提供奢
華住宿體驗。房客專用的海景
餐廳及SPA等設施完善。房客
限定需滿16歲以上。

↓SPA房的羅馬浴缸

💰A$950～（附早餐）　60室

Reef View Hotel

→充滿挑高設計的大廳
充滿開放空間感

島內規模最大的
高樓層景觀飯店

能夠眺望貓眼海灘的20層高樓飯
店。客房設有寬敞的露台，明亮舒
適的設計充滿度假氛圍。低樓層客
房為熱帶花園景觀房，高樓層客房
為珊瑚海景觀房。

→65㎡的
客房內設
有兩張雙
人加大床

💰A$366～　381室

Palm Bungalows

→小屋度假
彷彿置身於
別墅中

充滿熱帶度假風情的
小屋放鬆舒壓之旅

充滿南國風情的小屋型度
假村，面對著長滿棕櫚樹
的熱帶花園。室內鋪上木
板呈現玻里尼西亞風格，
溫馨舒適。獨棟小屋保有
個人隱私也是魅力之一。
從小屋走到度假中心路程
2分鐘，前往餐廳及泳池
也非常方便。

↑讓人放鬆舒適的客房。1棟
小屋可容納3位住客

💰A$328～　49棟

Yacht Club Villas

被美麗的自然景觀圍繞
享受奢華的度假時光

↑設有餐廳、會議室
等設施

↓主臥室可以眺望美
麗海景

2層樓高的Villa並排在面海的綠地上。
每棟Villa內設有四房1廳加廚房，每個
房間內都有浴室。從客廳旁的露台可以
眺望美麗海景。泳池、餐
廳等設施完善。另設有禮賓
部提供服務。

💰A$1350～
（淡季時3晚起住、旺季時4
晚起住）　30棟

🏊 有泳池　📶 有提供網路　☕ 有咖啡機　🛁 有浴缸　❄ 有冰箱　🧺 有洗衣機　👶 有兒童服務

●各飯店皆設有房客專用的餐廳、泳池、健身房、美體沙龍、高爾夫球場、網球場。度假中心有提供Wi-Fi熱點。

大堡礁

度假遊玩行程 PLAN 2

高貴優雅的度假島

海曼島
Hayman Island

> 度假村最具代表性的象徵
> 海曼泳池

擁有「皇家海曼」稱號的度假島嶼，深受 MAP P121-A1
英國皇室及世界級VIP喜愛。於2014年改
裝開幕，是一座只有房客可以踏上的私人度假島嶼。提供世界
上最頂級的服務與完善的設施，讓每一位旅客都能體驗一個無
憂無慮的完美假期。

Best of Best

1 連接漢密爾頓島交通的高速遊艇　2 海曼島全景　3 可以參加觀光行程造訪藍珍珠灣

好 想玩

可以參加每天傍晚的說明會，獲得每天
更新的戶外活動資訊

好 想住

飯店劃分為不同區塊，各區的窗外景觀
與客房裝潢都截然不同。每間客房都充
滿著華的度假氣氛。

度假村資訊

海曼島獨一無二度假村
One&Only Hayman Island
☎(07)4947-1828
🏨海曼島高級潟湖客房A$845～、泳池連通單床大套房A$1980～（兩位
入住，附早餐，房價會隨季節而變動）160室
🌐http://hayman.oneandonlyresorts.com/

度假村設施 🏛🏪🏊🏋💆📠📁📶☕🛁❄👶

免費戶外活動 浮潛、雙體船、Paddle Ski、滑浪風帆、沙灘排球、
網球、壁球、迷你高爾夫等

自費戶外活動 潛水、滑水、大堡礁觀光行程等

前往海曼島的交通方式

● 從凱恩斯出發
可以搭乘澳洲航空的國內線。每天有1班從凱恩斯飛往漢密爾頓
島，再於漢密爾頓島機場前碼頭搭乘銜接飛機抵達時間的專用高
速遊艇前往海曼島，船程55分鐘。直昇機為15分鐘。🚤漢密爾頓
島出發專用高速遊艇單程A$210、直昇機單程A$660

● 從艾爾利海灘出發
每天有2班專用高速遊艇
🕐發船時間為8時、17時
🚤單程A$155，船程55分鐘

遊島小建議

島上全區皆為One& Only Hayman Island度假村範圍。乘坐
專用高速遊艇或直昇機抵達碼頭後，要搭乘電動車（高爾夫
球車）前往接待櫃臺。戶外活動則是有導遊陪同的健行觀光
導覽。

● 於藍珍珠灣浮潛及健行觀光導覽
● 落日峰健行
● 小袋鼠生態觀察等

三天兩夜度假行程

第1天

上午 在夢幻泳池戲水游泳

在象徵海曼島的六角形
海曼泳池及Aquazur泳
池戲水游泳。

下午 享受夕陽帆船

乘坐帆船，一手
拿著香檳，欣賞
落日美景。（A$
130）

第2天

上午 乘坐高速遊艇前往無人島

在蘭福德島（無
人島）上體驗浮
潛的島嶼冒險之
旅（A$45）

下午 在海灘暢遊海上運動

可以免費體驗雙
體船、海上獨木
舟、Paddle Ski
等運動

🏛有餐廳　🏪有商店　🏊有泳池　🏋有健身房　💆有美體沙龍　📁有商務中心　🎾有網球場
📶有提供網路　☕有咖啡機　🛁有浴缸　❄有冰箱　👶有兒童服務

One&Only Hayman Island 1

海曼島獨一無二度假村

提供豪華的設施與優質的服務
享受奢華療癒的美好假期

飯店共分為三區。包含面對海曼泳池，全部房型都是套房的Pool Wing。可直接通往海灘，並設有私人泳池的海灘Villa則位於Beach Wing。以及面對聖靈群島，享有管家服務，並且可從寬敞客房裡飽覽海洋美景或花園景色的Penthouse套房所位在的Hayman Wing。

泳池側的客房大小與氣氛都不同

⬇ Penthouse大套房

⬇ 海曼側的潟湖客房

⬆ 海灘側的海灘Villa

N
0　　1km

Goat's Beach
Rescue Point
藍珍珠灣
Carousel Mountain
右
H 海曼島獨一無二度假村
碼頭

←在逸靜的私人海灘享受悠閒時光

One&Only Spa 4
漫步在舒適宜人的綠色隧道中

高爾夫球果嶺
網球場
壁球場
KidsOnly & Teens Club
3 Bamboo
Amici(義大利餐廳) R

One & Only Boutique S
Pool Wing
1 海曼島獨一無二度假村
Beach Wing
2 Fire
Bar Fifty(酒吧) N
Pacific Restaurant R

On The Rocks (泳畔酒吧) N
Hayman Pool
來這裡體驗海上活動

直昇機場
潛水&海上活動中心
碼頭
水上飛機
夕陽帆船從這裡出發
Stella Maris Chapel
遊客碼頭
板球場

涼亭
海上活動中心
Aquazure餐廳 R (泳畔餐廳)
Aquazure Pool
涼亭

周遊觀光船停靠的碼頭

美食 2

Fire

位於平靜潟湖中的澳洲菜餐廳

在高雅的環境中，享用使用新鮮海鮮與牛肉製作的澳洲菜。還有肋眼牛排等豐富燒烤菜色。
18～22時

美食 3

Bamboo

欣賞日本庭園的景觀餐廳

提供泰國菜、中國菜、印度菜、日本料理等亞洲各國餐點。日本酒等酒類也有豐富選擇。18～22時

療癒 4

One&Only Spa

在寬敞舒適的空間療癒身心

使用澳洲有機品牌「Amala」的產品。提供Ocean Dreaming 90分鐘／A$400、 Rainforest Massage 90分鐘／A$30等療程。共13間房，設有雙人房。另有美甲及美髮沙龍。

提供配合每個人不同體質的客製化按摩療程

大堡礁

度假遊玩行程 PLAN

野生動物棲息的戶外活動體驗島
白日夢島
Daydream Island

MAP P121-A1

Best of Best

潟湖游泳池內有成群的熱帶魚，
沙灘上有巨蜥在漫步，白日夢島上充滿豐富的自然景觀。
提供豐富的戶外活動及兒童節目，
很受到家族遊客的喜愛。

好想玩
想要挑戰水上摩托車及香蕉船等水上運動

好想住
明亮時尚的客房，更增添度假氣氛

度假村資訊

白日夢島Spa度假酒店
Daydream Island Resort and Spa

☎(07)3259-2350　花園陽台房A\$350～、珊瑚海景房A\$494～（兩位入住一房一晚，房價會隨季節而變動）294室
🌐www.daydreamisland.com/

度假村設施 🍴 🛍 ♨ 💆 🎾 📶 🧊 🛁 🧸

免費戶外活動 雙體船、網球、水中有氧運動、餵魚、沙灘排球、水球等

自費戶外活動 拖曳傘、滑水、水上摩托車、潛水、釣魚等

前往白日夢島的交通方式

● 從凱恩斯出發
可以搭乘澳洲航空的國內線。每天有1班從凱恩斯飛往漢密爾頓島，再於漢密爾頓島機場前碼頭搭乘專用遊艇前往白日夢島，船程30～45分鐘。Cruise Whitsundays遊船公司每天有7班船來回☎(07)4846-7000
🚢漢密爾頓島出發單程A\$50，船程30分鐘

● 從艾爾利海灘（艾爾利港）出發
Cruise Whitsundays遊船公司每天有9班船來回。
🚢單程成人A\$39、4～14歲A\$26，船程30分鐘

遊島小建議

白日夢島的度假設施分為南北兩邊，步行移動約20分即可抵達。北側為客房及主要設施，南側為運動設施及商店等。可於島內一邊漫步遊逛一邊移動。也可以預約接駁服務。
● 飯店到碼頭（南）…步行2分
● 飯店到情人灣…步行4分

三天兩夜度假行程

第1天

上午　島內漫步

可以在度假村內漫步，欣賞珊瑚礁及熱帶魚。幸運的話有機會遇見小袋鼠及巨蜥。

下午　在島的南邊遊玩

體驗迷你高爾夫及網球後，可以在落日海灘悠閒放鬆。還有體力的話，可以繼續挑戰水上運動。

第2天

上午　在島的北邊遊玩

來到位於北側的美人魚海灘，體驗獨木舟及遊艇。海面平靜清澈透明，也非常適合體驗浮潛樂趣。

下午　不能錯過的SPA

熱門的SPA需要提前預約。療程結束後可以在休息室欣賞海景，讓整個人紓壓放鬆！

🍴 有餐廳　🛍 有商店　♨ 有泳池　💆 有美體沙龍　🎾 有網球場　📶 有提供網路
🧊 有冰箱　🛁 有浴缸　🧸 有兒童服務

Daydream Island Resort and Spa

1

→陽光充足的明亮客房

白日夢島Spa度假酒店

以輕鬆的住宿為主要概念 讓旅客想穿著泳裝戲水一整天

飯店集中在白日夢島的北邊。明亮的客房充滿熱帶風情，在房間裡也可以盡享度假氣氛。度假村內設有大小相連的泳池與數個海灘，提供旅客戲水游泳的豐富選擇，讓人想一直戲水一整天。挑高設計的天花板上掛著魚型吊飾，還有岸邊的美人魚雕像，道路兩旁的潟湖，度假村的每一個角落都充滿巧思及樂趣。另設有兒童遊樂設施及兒童俱樂部，讓一家大小都能盡享歡樂時光。

↑在飯店前的吊床享受悠閒的午睡

2

Rejuvenation Spa

一邊欣賞海景一邊享受正統SPA

引進最新技術的護理SPA。經驗豐富的芳療師會根據每個人的身體狀況來建議最適合的療程。特別推薦全身護理（Daydream Delight／90分鐘A$205）療程。

📞(07)4948-8790　🕐9時30分～16時45分　e-mail:spa@daydreamisland.com
建議提前於網上預約

悠閒放鬆→療程結束後在休息室

Gilligans Health Hut（輕食）Ⓡ
Endeavour Wedding Chapel
大堡礁觀光行程的船從這裡出發
水肺潛水站
體驗滑水從這裡出發
Marin Activities ❹
大型西洋棋 Giant Chess
落日海灘　棧橋（南）
直昇機起降場（南）　戶外電影院
迷你高爾夫
員工宿舍
白日夢島度假村 Daydream Village　網球場
Fish Bowl Tavern（小酒館）Ⓡ
Ⓡ Boat House（輕食）
游泳池
Dream Reef
0　100m
熱帶魚悠游戲水的潟湖泳池

Ⓢ 商店、潛水站
Jungle Jumble Kids Playground
Waterfalls Restaurant（Buffet）Ⓡ
熱帶魚悠游戲水的潟湖泳池
海洋活動報名處 ❹
接待中心
雨林步道　Lagoons Bar（咖啡廳）
醫務室　Marina Wing　三溫暖
熱帶魚悠游戲水的潟湖泳池
直昇機起降場
由此搭渡輪前往漢密爾頓島、修頓港
船隻、潛水套裝租借
碼頭
拖曳傘
抵達、出發大廳
環島接駁車服務
熱帶魚悠游戲水的潟湖泳池

Underwater Marine Park Daydream Wing Ⓗ　Ⓗ Rainforest Wing
觀賞夕陽美景的海灘　Ⓡ Splashes bar（輕食）
情人灣 Dream Reef
海上活動中心
水肺潛水站
觀景台
Ⓗ Grand Ocean Suite
❶ 白日夢島 Spa度假酒店
Ⓗ Coral Wing
Ⓗ Honeymoon Suite
美人魚海灘
來此體驗獨木舟、帆船
珊瑚海灘
Skippers Kids Club
健身房
Rejuvenation Spa ❷
泳池&戶外SPA
Mermaids ❸
浮潛點

3

Mermaids

在泳池邊享用美味菜色

提供以講究的食材精心烹煮成的菜色，氣氛休閒的露天餐廳。從輕食到晚餐皆有提供。

🕐11時30分～14時30分、18～21時
休視時期而異

↑午餐為A$10～
聲感受一下浪漫氛圍
晚餐時刻聽著海浪拍打

4

→水上摩托車可以兩人一起挑戰

Marin Activities

暢遊五花八門的戶外活動

每星期都會更換戶外活動的行程，可以事前確認客房內的行程表，在假期中盡情暢遊各種戶外活動。如果不知道要如何計畫安排，可以在飯店大廳的活動櫃臺諮詢專業意見。提供滑水、香蕉船等適合初學者的活動，也有泛舟、潛水等適合經驗豐富的好手挑戰。玩都玩不完的豐富活動，一抵達白日夢島就立刻來安排玩樂計畫吧！

↓事先確認好活動時間，有效率地體驗活動吧

度假遊玩行程♪PLAN 4

以身心來感受美好大自然的夢幻樂園

蜥蜴島
MAP P120-A1
Lizard Island

四周被珊瑚礁包圍的蜥蜴島，擁有大堡礁屈指可數的美麗純白沙灘及潟湖，還有潛水愛好者的潛水聖地鱈魚洞，同時也是熱門的海釣據點。此處謝絕12歲以下的兒童入住，是一座專屬於大人的度假島嶼。

Best of Best

好 想玩
開著小艇前往私人海灘體驗浮潛樂趣

好 想住
房費採用包含餐費的All Inclusive全包式，每天都能暢享美味菜色

度假村資訊

Lizard Island
Great Barrier Reef

📞(07)4043-1999　💰海灘景觀房A\$1699～、夕陽美景房A\$2129～、錨灣大套房A\$2399～（兩位入住一室一晚，兩晚起住，含兩位房客的全部餐費、飲料、小艇、玻璃底船行程等。房價會隨季節而變動）謝絕12歲以下兒童入住　40室

🌐www.lizardisland.com.au/

度假村設施

免費戶外活動　小艇、Paddle Ski、網球、午間野餐等

自費戶外活動　水肺潛水＆浮潛行程、玻璃底船行程、海釣體驗、雙體船、海洋研究站之旅等

前往蜥蜴島的交通方式

可於離凱恩斯機場有點距離的通用航空航廈（MAP P123-A1）搭乘Hinterland航空的小型飛機，一天2班。蜥蜴島的官方網站上可以預訂機票。💰來回票A\$630，航程60分

遊島小建議

除了度假村及機場外，其他地區都屬於國家公園。可以從度假村出發穿過機場，前往佈滿珊瑚礁的蔚藍潟湖以及庫克瞭望台走一走。

●度假村到藍色潟湖…步行45分
●度假村到庫克瞭望台…步行2小時

Granite Head
North Reef
North Point
Turtle Beach
Anchor Bay
日落海灘 Sunset Beach
Osprey Is.
South Bay Point
Corner Beach
Research Point
One Tree Coconut Beach
Palfrey Is.
Ghost Beach
South Is.

❷ ESSENTIA DAY SPA
❶ Lizard Island Freat Barrier Reef
Crystal Beach
庫克瞭望台
國家公園 National Park
Cook's Look
飛機起降場 Air Strip
蜥蜴島觀測站 Lizard Is.
Trawler Beach
椰子海灘 Coconut Beach
Lizard Head
藍色潟湖 Blue Lagoon

N
0　　　1km

飯店

Lizard Island
Great Barrier Reef

吹著舒爽的海風
忘卻時間流逝度過美好的一天

1

客房內不設置電視是度假村的堅持

共有40棟擁有良好隱密性的小屋型Villa。有面海的錨灣景觀房及俯視錨灣的夕陽景觀房。陽台設有午睡用的沙發等，提供一個奢華的度假環境。設有餐廳、遊戲室、閱讀室、酒吧等，讓人隨心所欲的享受度假時光。

陽光灑落的客房客廳明亮舒適

療癒

2

ESSENTIA DAY SPA

體驗私人SPA療程

使用可以深入肌膚底層，快速潤澤的法國頂級產品「髮妝之鑰La Biosthetique」。呈現居家舒適感，設備完善。特別推薦自然療法Life Style Consultation／60分鐘 A\$150。
🕐11時～19時30分

凱恩斯一日遊
麥克馬斯珊瑚礁
Michaelmas Cay

MAP P122-B2

> 在透明清澈的
> 海洋盡情暢遊

麥克馬斯珊瑚礁是位於凱恩斯東北方43km處的一座小島。將原始大自然保留下來，可以體驗浮潛、潛水等樂趣。乘坐大型雙體船一邊享受優雅的帆船之旅，一邊前往探險。

搭乘有日光甲板的豪華雙體船Ocean Spirit Cruises往返

島上沒有高大的植物，因此也沒有可以躲太陽的地方。記得做好防曬

1 8:30
從凱恩斯大堡礁遊艇碼頭出發

航程中會有海洋生物學者來進行行前解說

充滿幽默感的行前解說會

啓程前30分鐘開始開放上船。啓程前有提供早餐茶供旅客享用

2 10:30
抵達麥克馬斯珊瑚礁

乘坐接駁車登陸。旅程中來往島和船之間時皆是利用接駁車

全長360m，寬50m的小島。運氣好的話還可以遇見海龜

此處被指定為野鳥保護區，在這裡可以看到烏領燕鷗等鳥類

3 12:00～13:30
船上享用自助式午餐

午餐結束後，可以暢遊島上的海上活動直到回程

可以在海灘報名參加各種活動，包含初學者也能放心體驗的潛水及浮潛、半潛水艇，盡情享受珊瑚礁美景吧！

自助式午餐。船內的美味菜色也頗受好評

> 出航前有提供下午茶供旅客享用

4 14:30
從麥克馬斯珊瑚礁出發

可以在回程享用氣泡酒及起司等美味小點

5 17:00
抵達凱恩斯大堡礁遊艇碼頭

參加的是這個行程！

Ocean Spirit Tours

可以在島上停留4小時的熱門觀光行程。航行中船身會搖晃，要記得準備好暈船藥。

DATA 金A$194（兒童A$144，2大2小的家庭套票A$531。體驗潛水需加價A$120）。※包含午餐、環境保護稅、浮潛呼吸管租金、半潛水艇行程等費用
📞07-4044-9944
時8時30分～17時 休無休
www.oceanspirit.com.au

凱恩斯一日島嶼遊

凱恩斯一日島嶼遊

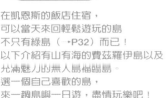

度假遊玩行程 PLAN 5

在凱恩斯的飯店住宿，
可以當天來回輕鬆遊玩的島
不只有綠島（→P32）而已！
以下介紹有山有海的費茲羅伊島以及
充滿魅力的無人島福臨島。
選一個自己喜歡的島，
來一趟島嶼一日遊，盡情玩樂吧！

費茲羅伊島 MAP P122-B2

Fitzroy Island

不管上山還是下海都隨心所欲

費茲羅伊島曾經是澳洲大陸的一部份，現在保留了原始熱帶雨林，島的周邊被美麗的珊瑚礁圍繞。不管是水上活動還是登山健行，玩法五花八門。也可以參加包含浮潛、Paddle Ski等水上活動的觀光行程，暢享費茲羅伊島的自然美景。

↑初學者也能立刻上手的 Paddle Ski
←不只是海灘，熱帶雨林漫步也充滿魅力

※從凱恩斯大堡礁遊艇碼頭前往費茲羅伊島的渡輪發船時間為8時、11時、13時30分。從費茲羅伊島前往凱恩斯大堡礁遊艇碼頭的渡輪發船時間為9時30分、12時15分、17時
🎫渡輪來回船票：A$69（4～14歲A$42，3歲以下免費，需支付A$5的環境保護稅）🚌Cairns City Bus Station前往凱恩斯大堡礁遊艇碼頭步行10分 📞(07)4030-7990（只提供英語服務）
※Fitzroy Island Activity Pass 2（附午餐）：🕐8時～17時30分
🏠無休 🎫A$95～（需支付A$10的環境保護稅）滿15歲以上可以參加

觀光行程時間表

08:15 …於凱恩斯大堡礁遊艇碼頭上船
09:00 …乘坐費茲羅伊島高速度輪出發
10:00 …抵達費茲羅伊島
 ～ …於海灘營業處報到後，自由活動時間
16:00 …返還租借設備

在離開之前可以體驗玻璃底船、浮潛、Paddle Ski、立槳衝浪板、水上跳跳床。附午餐。

16:30 …從費茲羅伊島出發
17:30 …抵達凱恩斯大堡礁遊艇碼頭，解散

福臨島 MAP P122-B3

Frankland Island

有海龜出沒的星砂無人島

被珊瑚礁包圍的福臨群島中，有一座諾曼比島為了保護生態環境，限制每天上陸人數只能100人以下，現為無人島。因為很多海龜棲息而廣為人知，是浮潛觀賞海龜的最佳地點。不想下水的旅客也可以選擇乘坐半潛水艇，欣賞神秘的海底世界。另有島內漫步觀光行程，會有海洋生物的專家陪同導覽。在閑靜海邊享用的午餐別具風味。

↓提供豐富蔬菜水果的自助式午餐

🚌提供凱恩斯市區飯店接駁A$16
📞(07)4031-6300 ※福臨島無人島一日遊🕐7時～17時30分
🏠無休 🎫A$159～（4～14歲A$89～、3歲以下免費）提供來回接駁巴士，需加價A$18

↑閑靜的海灘讓人盡情感受大堡礁之美！

觀光行程時間表

07:00 …各飯店搭乘接駁車出發
08:30 …於Deeral（凱恩斯南部）乘船
09:45 …抵達福臨群島的諾曼比島
12:00 …在海灘享用熱帶自助式午餐
14:00 …浮潛結束，準備回程
14:30 …出發前往Deeral
17:30 …抵達飯店

自由活動時間。提供浮潛裝備租借、半潛水艇行程、島內漫步觀光導覽等自選行程

098

♪ Dinghy是小型電動船，可供4～6人乘坐。在澳洲不需要駕照便可駕駛。

還有還有！
大堡礁 的 絕美度假島嶼

在大堡礁體驗浮潛等水上活動，或是來一趟自然漫步之旅，都是超棒的度假方式。不過望著綠松色海洋悠閒自在的放鬆，也是另一種奢侈的度假風格。

大堡礁北部
奧費斯島
Orpheus Island　MAP P120-B4

有自然景觀也有戶外活動
讓人心滿意足的高級度假島

被指定為國家公園的奧費斯島，其西南邊是度假村。融合周邊自然景觀的舒適飯店，提供雙床房、大套房及Villa等房型選擇。房費採用包含餐費、浮潛、獨木舟等的All Inclusive全包式。交誼廳等地也有提供免費無線網路。

奧費斯島度假村
Orpheus Island Resort

於湯斯維爾搭乘直昇機航程30分　☎(07)4777-7377
雙床房A$1400～（成人2位入住、包含三餐、戶外活動、飯店設施使用、設備租借等費用）
14室

大堡礁南部
伊麗特女士島
Lady Elliot Island　MAP P119-D3

保留了最天然的自然景觀
大堡礁的原始島嶼

周邊的海域有海龜、鬼蝠魟、儒艮棲息，初夏時可以看到難得一見的珊瑚產卵。為了保護環境，住宿設施只有提供簡單的小屋。以自然生態和環境保護為第一考量的度假島嶼。僅於大廳提供無線網路A$19.95／500MB。

伊麗特女士島度假村
Lady Elliot Island Eco Resort

於赫維海灣或班德堡（MAP P137-B4）
搭乘小型飛機30～40分
☎(07)5536-3644　1人A$154～　41室

大堡礁南部
黑容島
Heron Island　MAP P121-B3

全世界的潛水愛好者心目中的潛水型地珊瑚礁小島步行遊島一圈大約30～40分鐘的小型珊瑚礁島。周邊都是潛水和浮潛的最佳地點，是潛水愛好者心中的樂園。11～3月份可以觀賞到海龜產卵。也有提供適合兒童的體驗活動，適合闔家同樂。僅於酒吧提供無線網路A$3／10分。

黑容島度假村
Heron Island Resort

於格拉德斯通搭乘渡輪船程2小時，或直昇機30分
☎(02)9538-0798
A$419～　109室

 有餐廳　　有商店　　有泳池　　有健身房　　有美體沙龍　　有洗衣機　　有提供網路
有網球場　　有咖啡機　　有廚房　　有冰箱

隱藏版美麗島嶼

島嶼資料　　　　　　　　　　　　　　　住宿資訊

南莫爾島
South Molle Island

MAP P121-A1

位於修特港東北邊8km處，離澳洲本島最近的度假島。需年滿18歲以上才能上陸，島上是一個小型度假村。島內有國家公園、以及水上活動、高爾夫等多種樂趣。

無尾熊冒險島度假村
Koala Adventure Island Resort
於修特港搭乘渡輪船程60分
1800-466-444
A$499～　180室

大凱珀爾島
Great Keppel Island

MAP P121-B3

擁有得天獨厚的自然美景。不管是喜歡悠閒放鬆還是喜歡戶外活動的旅客，都非常熱愛這裡。可以欣賞到設施匯集的漁人碼頭，以及美麗的猴子海灘等各種海灘美景。還可以體驗浮潛、海上獨木舟、山林步道健行。

大凱珀爾島度假村
Great Keppel Island Holiday Village
於洛坎普頓（MAP P121-A3）搭乘飛機航程15分。或於羅斯林灣（MAP P121-B3）搭乘渡輪船程30分
1800-537-735　　A$90(2晚起住)～　4室、小屋2棟、帳棚9個

哈格斯通島
Haggerstone Island

MAP P118-D1

位於凱恩斯北部600km處的島嶼。擁有豐富自然魅力。設施皆使用天然建材，呈現讓人放鬆舒適的氛圍。可以體驗浮潛、釣魚等活動。不管是情侶、夫妻或是家族旅行都給予極高評價。團體行（10位旅客）可以包島A$6800／一晚。

哈格斯通島
Haggerstone Island
於凱恩斯國內線搭乘小型接駁專機前往希克斯島轉乘船前往，船程15分
(07)40-603-399　　每位A$700～　4棟

砂島
弗雷澤島
Fraser Island

MAP P119-D4

南北長123km，是地球上最大的砂島。於1992年被指定為世界自然遺產。島內有澳洲首座環保生態度假村景福士灣度假村，可以體驗到真正的環保之旅。

景福士灣度假村
Kingfisher Bay Resort
於河角（MAP P119-D4）搭乘渡輪船程50分
(07)4120-3333　　A$298～　152間

前往度假島的交通起點
認識一下這些城鎮吧！

●湯斯維爾 MAP P120-B4
一整年有300天都是晴天，擁有美麗的陽光及海岸線。是前往磁島、奧費斯島等島嶼的主要通道，有許多觀光客及潛水遊客而熱鬧不已。距離凱恩斯飛機航程約1小時。

●艾爾利海灘 MAP P121-A1
是前往聖靈群島的主要通道。前往大堡礁的船會由艾爾利港出發，開往漢密爾頓島、白日夢島等地。雖然是一個小城鎮，但總是有很多觀光客前來，充滿活力。

●修特港 MAP P121-A1
距離艾爾利海灘車程15分鐘。是前往聖靈群島的主要通道。有開往漢密爾頓島、南莫爾島等地的船。最近的機場與艾爾利海灘同為普羅瑟派恩機場（降靈島海岸機場）。

●格拉德斯通 MAP P121-B4
位於布里斯本北邊約550km處。一整年都氣候溫暖，舒適宜人。被譽為昆士蘭省當中最乾淨美麗的城鎮。是前往黑容島的主要通道，可以搭乘直昇機或渡輪造訪。

●赫維海灣 MAP P119-D4
是前往弗雷澤島、伊麗特女士島的主要通道。是有名的賞鯨景點。旺季時，會有從世界各地前來賞鯨的遊客，港口也會出現絡繹不絕的觀光船。距離布里斯本飛機航程約1小時45分鐘。

來大堡礁體驗
戶外活動一覽表！

戶外活動 島名	山林步道健行	騎馬	高爾夫	網球	潛水	浮潛	帆船	滑浪風帆	滑水	拖曳傘	Paddle Ski	釣魚	堡礁巡禮	馬達快艇	玻璃底船	游泳池
漢密爾頓島（P86） Hamilton Island	●	●	●	●	●	●	●	●								●
海曼島（P92） Hayman Island	●		▲	●	●	●	●	●		●						●
白日夢島（P94） Daydream Island	●		▲	●	●	●	●	●								●
蜥蜴島（P96） Lizard Island	●				●	●	●					●				●
費茲羅伊島（P98） Fitzroy Island	●				●	●						●	●			●
福臨島（P98） Frankland Islands	●				●	●							●			
奧費斯島（P99） Orpheus Island	●				●	●	●					●				
黑容島（P99） Heron Island	●				●	●							●			
伊麗特女士島（P99） Lady Elliot Island	●				●	●						●			●	
南莫爾島（P100） South Molle Island	●	●		●		●		●				●				●
大凱珀爾島（P100） Great Keppel Island	●					●			●						●	
哈格斯通島（P100） Haggerstone Island	●				●	●		●		●		●	●	●		●

※▲為迷你高爾夫。●為9洞球場

旅遊資訊

澳洲出入境的流程

確定去旅行後，應立刻確認重要的出入境資訊！
做好萬全的準備後前往機場

入境澳洲

❶ 抵達 Arrival

下飛機後，沿著指標前往入境審查。準備好填寫好的入境旅客卡及護照。

❷ 入境審查 Immigration

請於入境櫃臺提交護照及入境旅客卡。電子簽證（ETA）可以從護照號碼進行查驗，因此不需要出示。海關人員可能會詢問停留天數和入境目的等問題。審查結束後，可取回護照、入境旅客卡。入境旅客卡須於海關申報時向關務人員再次提交。

❸ 領取行李 Baggage Claim

入境審查結束後，請前往行李提領處。找到自己搭乘班機的行李轉盤，領取行李。遇到行李遺失等問題時，請找航空公司的工作人員並出示行李存根，請工作人員協助處理。通常行李存根會被貼在登機證上。

❹ 海關申報 Customs Declaration

向關務人員提交護照及入境旅客卡。依照關務人員的判斷進行申報或是不需申報。關務人員可能會要求檢查行李、進行X光機查驗。

❺ 入境大廳 Arrival Lobby

各家旅行社的導遊都已在入境大廳等待接機，只要跟隨導遊指示即可。自由行的旅客可以搭乘計程車或接駁巴士前往飯店。如果有事先跟飯店預約接機服務，飯店的工作人員會在入境大廳等待接機。

確定成行後的準備

●申請電子旅行簽證ETA（Electric Travel Authority）

ETA是適用於三個月內的短期旅遊、商務出差等目的的電子旅行授權許可證。於出發前，可持護照前往澳洲辦事處所指定的國內37家旅行社申請ETA。申請ETA，澳洲政府並無收取簽證費（免費），但是國內代辦的旅行業者會收取數額不同的服務費。目前尚無法直接在澳洲移民及國境保護部專設的官方網站線上申辦ETA。

●外交部旅遊安全資訊

可以確認旅遊資訊及旅遊安全相關訊息囲http://www.boca.gov.tw/np.asp?ctNode=683&mp=1

●到外交部網站進行出國登錄

在網頁上登錄旅遊日期、目的地、聯絡資訊後，當發生天災、動亂、急難事件或有協尋請求時，外交部會立即通知登錄者應變，並可儘速代為聯繫在台家屬，提供協助。囲www.boca.gov.tw/np.asp?ctNode=847&mp=1

入境澳洲時的限制

●管制或限制輸入物品

・食品、動植物及其產品（請參閱澳洲檢疫檢驗局相關規定→P103）
・刀槍、武器、藥品、類固醇、非法毒品
・各種色情物品或資料、盜版商品

●主要免稅範圍

○菸類…50隻香煙或50克雪茄或其他菸類產品（限滿18歲以上）
○酒類…可免稅攜帶2.25公升酒類（限滿18歲以上）
○一般物品…每人可免稅攜帶最多價值A$900之物品入境；十八歲以下的旅客，免稅物品總額則不能超過A$450。
○現金…攜帶出境之澳幣、外幣金額並無上限，但超過1萬元澳幣或等值外幣時必須申報

出國時的注意事項

出發1個月〜10天前先確認好

澳洲入境條件

●護照效期

以ETA入境時，護照效期須超過回程時間。以ETA以外簽證入境的相關規定請洽詢澳洲辦事處（→P112）。

●簽證

須持有有效期限內的電子旅行簽證ETA。

●機場航廈

自家〜機場間確認

臺灣桃園國際機場目前分為第一及第二航廈。目前沒有從台灣直飛凱恩斯的航班，需轉機前往。請於行前確認好出發航班的航廈位置。

●攜帶液體物品登機的限制

液體、膠狀物品及液化氣體，若以容器裝妥且每樣不超過100ml，可放入隨身手提行李中。並須以透明、附有拉鏈之塑膠袋妥善裝好。塑膠袋總容量不得超過1L。詳情請參閱交通部民用航空局網站。囲www.caa.gov.tw/big5/index.asp

小小資訊 護照請向外交部申請辦理囲www.boca.gov.tw/np.asp?ctNode=673

出境澳洲

❶ 報到 Check-in

跟隨旅遊回程時，各家旅行社會到飯店迎接旅客，然後搭遊覽車前往機場。自由行的旅客可以搭乘計程車、接駁巴士或租車自駕前往機場。最晚要在起飛前2小時抵達機場。在欲搭乘的航空公司報到櫃臺出示護照辦理報到手續，領取登機證。並且辦理行李托運，領取行李存根。辦理完報到手續後便前往2樓的出境大廳。

❷ 出境審查 Immigration

於出境大廳的出境審查櫃臺出示護照、出境卡及登機證。審查結束後，海關人員會在護照上蓋章。

❸ 安全檢查 Security Check

接受安檢人員以探測器進行檢查，手提行李要通過X光機查驗。液體、噴霧劑及凝膠狀物體要以容器裝妥且不得超過100ml。須以長寬各約20公分的透明塑膠袋妥善裝好，並通過X光機查驗。否則即當場沒收。

❹ 出境大廳 Departure Lobby

請於預定登機時間前30分鐘抵達登機門。需要辦理退稅手續者（→P105），請於出境大廳內的TRS櫃臺辦理。

●免稅商品請不要放入托運行李內

於市區免稅店購買的商品，在回程於機場辦理退稅手續前都不能擅自開封。若於退稅手續前不小心開封，則可能無法辦理退稅。此外，若將免稅商品放置於托運行李內，而未辦理退稅時，回國後有可能被追討罰金。請記得將免稅商品隨身攜帶上機。

澳洲檢疫檢驗局的相關規定

為保護澳洲國內的動植物及生態環境，對於包含郵寄等攜帶出境的物品有相當嚴格的規定。攜帶食品、動植物及其產品入境澳洲時，需於入境旅客卡上填寫並確實申報。原則上所有的物品經過審查後都能取回。若是不小心攜帶限制輸入物品時，經申報後只要依照指示放棄物品，便不會產生罰金。但若是未申報或虛報，則會處以罰金、罰則。若不確定需不需要申報，可以洽詢當地工作人員。相關規定請出發前參閱澳洲海關暨國境保護總署官方網站。澳洲海關暨國境保護總署（Australian Customs and Border Protection Service）
🌐www.customs.gov.au/site/page4351.asp

回國時的限制

主要免稅範圍

● 酒類…1公升（年滿20歲）

● 香菸…捲菸200支或雪茄25支，或菸絲1磅（年滿20歲）

● 其他…攜帶貨樣的完稅價格低於新台幣12,000元

● 貨幣…新台幣10萬以內；外幣等值於1萬美元以下；人民幣2萬元以下

主要禁止進口及限制進口物品

○ 毒品危害防制條例所列之毒品。
○ 槍砲彈藥刀械管制條例所列之槍砲、彈藥及刀械。
○ 野生動物之活體及保育類野生動植物及其製產品，未經行政院農業委員會之許可，不得進口；屬CITES列管者，並需檢附CITES許可證，向海關申報查驗。
○ 侵害專利權、商標權及著作權之物品。
○ 偽造或變造之貨幣、有價證券及印製偽鈔印模。
○ 所有非醫師處方或非醫療性之管制物品及藥物。
○ 其他法律規定不得進口或禁止輸入之物品。

如須申報，請填寫「海關申報單」，並經「應申報檯」（即紅線檯）通關。

澳洲入境必備文件

填寫入境旅客卡上的必填欄目，入境旅客卡（中文版）可於飛機上或旅行社取得。
特別是攜帶物品的欄目要仔細填寫。

入境旅客卡

入境旅客卡填寫範例

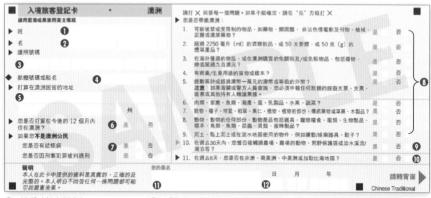

①…姓氏（外文拼音）
②…名字（外文拼音）
③…護照號碼
④…航班號碼（入境）
⑤…停留澳洲時的居住地（飯店或居住地址。若停留於數處則填寫停留時間較長者。凱恩斯的省名為QLD）

⑥…「您是否打算在今後的12個月內住在澳洲？」勾選「是」或「否」
⑦…若不是澳洲公民，「是否有結核病」、「是否因刑事犯罪被判過刑」勾選「是」或「否」

⑧…在海關檢疫申報的九個項目中，於攜帶物品處勾選「是」
⑨…過去30天內曾去過澳洲境外的鄉村或農場地區嗎？
⑩…過去6天內曾去過非洲或南美洲嗎？
⑪…簽名（與護照上簽名相同）
⑫…日期（西元）

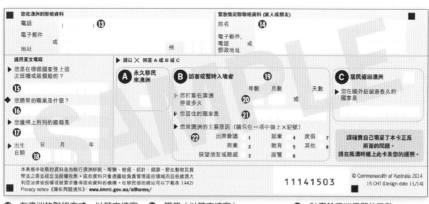

⑬…在澳洲的聯絡方式。以英文填寫飯店名稱及電話
⑭…緊急聯絡方式。填寫台灣親友等的聯絡方式
⑮…出發地（以英文填寫）

⑯…職業（以英文填寫）
⑰…國籍（以英文填寫）
⑱…出生年月日（西元）
⑲…觀光旅遊則於B劃X

⑳…計畫於澳洲停留的天數
㉑…居住國（台灣則填寫TAIWAN）
㉒…訪問澳洲的主要目的（選擇一項劃X）

出境卡

出境卡 (Outgoing passenger card) 填寫範例

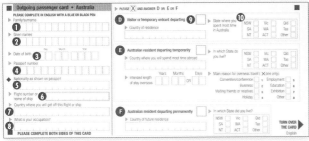

❶…姓氏（外文拼音）
❷…名字（外文拼音）
❸…出生年月日（日、月、西元年）
❹…護照號碼
❺…護照發行國
（台灣則填寫TAIWAN）
❻…航班號碼
❼…航班目的地
❽…職業（以英文填寫）
❾…觀光旅行則於D處劃X
❿…停留澳洲時的主要居住地。居住
於凱恩斯則於Qld處劃X
⓫…若攜帶1萬元澳幣或等值外幣則
於「Yes」處劃X。需辦理額外手
續
⓬…簽名（與護照上簽名相同）
⓭…日期

03141605

●填寫建議
●國籍為TAIWAN
●日期及出生年月日依照日、
月、西元年的順序
●職業填寫範例…
・上班族 office clerk
・公務員 public official
・銀行行員 bank teller
・銷售員 salesperson
・教師 teacher
・美髮師 hair dresser
・醫生 doctor
・護士 nurse
・農民 farmer
・學生 student
・家庭主婦 housewife
・無業 none

有關旅客退稅制度（TRS）

在澳洲購買的全部商品、消費的服務都需要加上10%的消費稅
（GST）及酒稅（WET）。海外旅客在規定的條件內辦理手續可享有
退稅。免稅品除外。

●退稅手續
① 於擁有ABN（Australia Business Number：澳洲商務號碼）的商
店購物
② 同一間店的消費金額總計達A$300（含稅）以上
③ 於商店取得TAX INVOICE（退稅發票）
④ 於回程前保持商品全新狀態，將商品攜出澳洲使用
⑤ 回程前60天內購買的商品
⑥ 出境時可以隨身攜帶的商品（根據國際線航班的液體攜帶規定，
不能作為隨身行李的物品需託運）

※退稅手續需出示TAX INVOICE、購買商品、護照、登機證。退回的
稅金可以選擇以現金、信用卡（美國運通、大來國際、JCB、萬事
達、VISA）、支票、或匯款至澳洲銀行戶頭等以上方式退款。需於
出境手續完成後的出境大廳櫃臺（→P107），出發前30分鐘完成
退稅手續辦理。
www.border.gov.au/

小小資訊 啤酒、蒸餾酒、香菸及菸類商品無法退稅。請於免稅店購買。

機場～凱恩斯市中心的交通方式

機場到凱恩斯市中心有3種交通方式。
皆約10～45分鐘左右即可抵達市中心。

凱恩斯國際機場 Cairns International Airport MAP 別冊 P12 B2

機場距離凱恩斯市中心約8km。國內線航廈及國際線航廈相鄰，步行約5分鐘可達。國際線樓層的1樓為報到櫃臺及入境大廳，2樓為出境大廳。機場有提供無線網路服務（付費）。

機場內的主要設施

●觀光服務處
機場內未設有觀光服務處。在入境大廳設有電子告示牌，可以利用其下方的專用電話預約飯店訂房。

●餐廳
1樓設有入關前可以前往的咖啡廳，2樓的出境大廳內也有提供輕食的咖啡廳。

入境大廳的咖啡廳

●商店
出境大廳設有JR免稅店及葡萄酒專賣店等。是凱恩斯購物的最後一站。如果有漏買的東西可以在這裡補買。

●吸菸區
2樓出境大廳的2號登機門前，設有機場唯一的吸菸室。機場的入口附近也設有吸菸區。

●換匯處
位於1樓入境大廳，不過匯率較差。可於機場換需要使用的最小金額，其餘等到市區的換匯處再做兌換。也可於回程前將澳幣換回台幣，但不接受硬幣。

●租車櫃臺
1樓入境大廳處有數間租車公司的櫃臺（Avis、Hertz、Budget、Thrifty、Europcar等）。可於行前網上預約，能以比現場租車更加優惠的價格預定喜歡的車款。在當地的租車手續也會更為便捷。

機場的租車公司櫃檯（→P46）一大早就開始營業

交通速查表

※車程時間僅供參考。視道路狀況而異。跟團旅行者通常都有遊覽車機場接送。遊覽車會依序開到各家飯店前，讓旅客下車。詳情請事先向旅行社確認。

交通工具		特色	票價（單程）
	接駁巴士	來回於機場與市區主要飯店的小型巴士。可於入境大廳內的櫃臺購票。發車時間於抵達機場時確認。	成人A$15（2人以上為每位A$10）11歲以下為A$7.50（每位大人可帶一位兒童免費搭乘）
	計程車	入境大廳的出口設有計程車乘車處。多人共乘時會比接駁巴士划算。	到市區飯店約為A$25左右
	租車自駕	於入境大廳的租車櫃臺租車，開往飯店。租車手續會花費一些時間，不過前往郊區觀光時非常方便。	經濟型小車一日為A$45～65

小小資訊 凱恩斯國際機場　http://www.cairnsairport.com.au

機場地圖

●1樓（入境）

設有各家航空公司的報到櫃臺。旅行社的當地人員會在入境大廳迎接跟團的旅客。另設有租車公司櫃臺、換匯處、接駁巴士購票櫃臺等。欲搭乘國內線班機需前往約300m處的國內線航廈轉乘。

機場內的標示牌清楚明瞭

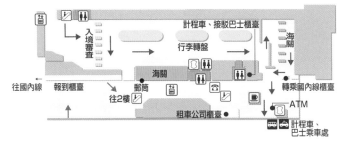

●2樓（出境）

出境審查、行李安檢、登機口皆位於此處。完成出國審查後，前往登機門的沿路上設有免稅店、咖啡廳、餐廳等商店。旅客退稅制度（TRS）櫃臺位於出境手續完成後的出境大廳內。

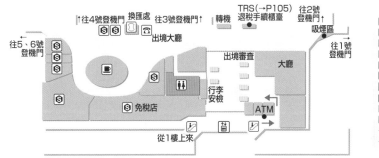

- 銀行・換匯處
- 洗手間
- 商店
- 餐廳
- 咖啡廳
- 公共電話
- 電梯
- 電扶梯
- 巴士乘車處
- 計程車乘車處
- ← 出發
- ← 抵達

車程	營運時間	聯絡資訊
20～45分鐘	視飯店而異	SUN PALM Express ☎(07)4099-1191
10～15分鐘	隨時	Cairns Taxi ☎13-1008
如果知道飯店位置 10～15分鐘	24小時	各營業處（→P46）

旅遊常識

事先熟稔當地貨幣、氣候及通訊環境等資訊。
此外，也有許多不同於台灣的禮節和習慣。

貨幣

澳洲的通用貨幣為澳幣。最小單位為硬幣（本書以A\$、¢標示）。主要使用的有五種塑料紙幣及六種硬幣。A\$2硬幣比A\$1硬幣小一些，要特別注意。塑料紙幣是世界首創的塑膠材質，就算弄溼了也不

書破。當地也有使用信用卡及國際金融卡，不過部分商店及交通工具只接受現金。另外，還有信用卡和國際金融卡，基本上租車及飯店辦理入住時，皆需要出示信用卡。

A\$1 ≒ 24元 (2017年8月)

 A\$5

 A\$10

 A\$20

 A\$50

 A\$100

5¢   10¢   20¢   50¢   A\$1   A\$2

換匯

市區街上、銀行、機場、購物中心、飯店大廳等都設有換匯處。一般而言飯店的匯率較差，若是小額換匯倒是十分方便。高額換匯建議前往銀行或換匯處進行兌換。

機場	銀行	換匯處	ATM	飯店
立刻可換	**匯率好**	**據點多**	**24小時開放**	**安全&便利**
位於入境大廳及2樓。基本上匯率較差，手續費也較高。建議只兌換需要使用的最小金額即可。	比飯店的匯率好。營業時間較短，週末、假日不營業。	營業時間比銀行長，有些換匯處週末也有營業。每間店的匯率不同、手續費也不同，建議兌換前先行確認。	市區、購物中心等皆設有ATM。每次可以提領的金額限制會根據卡片及ATM機台而異。	安全又便利的選擇。有些飯店只接受有住房的旅客換匯。匯率較差，並不推薦。

用剩的外幣要怎麼辦？

回台後可以將紙幣換回台幣（可以趁台幣貶值時兌換），但硬幣無法兌換，建議在當地使用完。或是留到下次旅行時使用。

ATM英文單字小幫手

● 金融卡密碼…PIN/ID CODE/SECRET CODE
● 確認…ENTER/OK/CORRECT/YES
● 取消…CANCEL
● 交易…TRANSACTION
● 取款…WITHDRAWAL/CASH ADVANCE/GET CASH
● 金額…AMOUNT
● 信用卡…CREDIT
● 存款（國際金融卡）…SAVINGS

 ATM一般為24小時開放，於人煙稀少的時間與地點提領現金時要特別小心留意。

撥打電話

● 使用自己手機撥打…出國前先跟電信公司開通漫遊，並確認資費。
● 從飯店客房撥打…先撥打外線號碼（視飯店而異），再輸入要撥打的電話號碼。部分飯店會收取手續費。
● 於公用電話撥打…基本上可以使用硬幣或電話卡撥打，也有不少電話亭只能以硬幣撥打。凱恩斯市區內通話為1通電話50¢無時間限制。電話卡有A\$5、A\$10、A\$20三種面額。可於便利商店等處購買。

● 澳洲→台灣
　0011 （澳洲國際冠碼）- 886 （台灣國碼）- 對方的電話號碼 （去掉第一個0）

● 台灣→澳洲
　002 （台灣國際冠碼）（視各家電信公司而異）- 61 （澳洲國碼）- 對方的電話號碼

使用網路

● 市區

凱恩斯市區有越來越多的咖啡廳、餐廳等開始提供無線網路。凱恩斯中央購物中心及海濱道上的麥當勞有提供免費無線網路。部分私人經營的咖啡廳及餐廳有提供無線網路，可以詢問連線密碼。海濱道到凱恩斯中央購物中心前麥克勞德街的區域有市政府提供的免費無線網路。連線前需閱讀並同意利用規章（英文）。

● 飯店

大部分飯店的大廳皆有提供房客免費無線網路。房客可於接待櫃臺詢問連線密碼。多數飯店於客房內設有無線網路及有線網路，可以自行攜帶電腦上網。基本上上網服務需收費，收費標準視不同飯店而異。在流量上可能會有所限制，若有上網需求，請於訂房前進行確認。

郵件、小包裹寄送

● 郵件

黃色郵筒是急件專用

要寄包裹時，請於包裹單上填寫包裹內容等資訊，交給郵局櫃臺並請郵局人員計算郵資。於收件人處以英文填寫「TAIWAN」「AIRMAIL」，其餘以中文書寫即可。寄件人處以羅馬拼音寫上自己的名字及飯店名。包裹的紙箱可於郵局購得。寄到台灣約4天。另有更加快捷的Courier可以選擇，寄到台灣約2天，郵資為A\$81.06起，價格較高。
【凱恩斯中央郵局】住位於凱恩斯中央購物中心（→P52）內時8時30分～18時(週四為～21時、週六為9時～17時30分、週日為10時30分～16時) 休無休　MAP●P124A2

● 快遞

凱恩斯有數間快遞公司，部分旅行社也會代收件。寄件到台灣25kg約A\$200左右。

從凱恩斯寄送至台灣的概略資訊

內容	時間	郵資
平信	11天	A\$2.10
掛號(50g以下)	11天	A\$15.90
包裹 (500g～1kg以下)	4天	A\$36.95

國際快遞公司

DHL (Express)	☎13-14-60 時8時30分～17時 休週六

其他基本資訊

●飲水
自來水可以直接飲用。若是喝不習慣，可以在便利商店或藥妝店等購買礦泉水。建議隨身攜帶一瓶水在身上，隨時可以補充水分。

●插頭與電壓
澳洲的電壓為220～240V，供電頻率為50Hz，使用八字型的三孔插頭。使用電器產品時，需打開插頭旁邊的電源開關。需要變壓器及轉接頭方可使用從台灣帶去的電器。

O型

●洗手間
餐廳、購物中心及飯店的洗手間環境乾淨。也有設置尿布台及哺乳室的親子間。郊區的觀光景點洗手間環境也非常乾淨。使用公共洗手間時，要隨時注意自己的隨身行李。

最好避免獨自前往公共廁所

●營業時間
介紹凱恩斯的基本營業時間。詳細時間視店鋪而異。

公司行號	時9～17時　休週末、假日
銀行	時9～15時　休週末、假日
商店	時9時～17時30分（週六為～16時。視商店而異）
餐廳	時午餐11時30分～14時、晚餐18～21時LO（視餐廳而異）

●尺寸對照表

女性
女裝

台灣	S	M	L	XL
凱恩斯	8	10	12	14

鞋子

台灣	22	22.5	23	23.5	24	24.5
凱恩斯	5	5.5	6	6.5	7	7.5

男性
男裝

台灣	S	M	L	XL
凱恩斯	XS	S	M	L

鞋子

台灣	24	24.5	25	25.5	26	26.5	27
凱恩斯	6	6.5	7	7.5	8	8.5	9

※以上尺寸僅限參考。實際尺寸視品牌而異

長度	1英吋	約2.5cm
	1英呎	約30.5cm
	1碼	約90cm
	1英里	約1.6km

重量	1盎司	約28g
	1磅	約453g
面積	1英畝	約4047m²

※澳洲的長度、重量單位為公尺（m）與公克（g）等，和台灣一樣。不過也有部分廣告用語及日常生活使用英吋、碼等單位。

●凱恩斯的物價

礦泉水
(500ml)
A$4～

麥當勞的
漢堡
A$2～

咖啡
(咖啡廳內享用)
A$4～

啤酒
(啤酒杯一杯)
A$6～

計程車
(起跳價)
A$2.90～

各種情境的基本資訊

 ### 美食及夜間娛樂

●營業時間
視餐廳而異。基本上午餐時間為11時30分～14時，晚餐為18時～21時最後點餐。

●餐廳小費
雖位於歐美文化圈內，但在澳洲沒有收取小費的習慣。也有旅客在接受良好的服務時會給予小費。

●餐廳禮儀
基本上大多數高級餐廳都沒有正式著裝規定。市區餐廳可以穿著輕便休閒的T-shirt短褲及海灘涼鞋入內，而飯店及夜店就較不適合。可於行前確認好。高級餐廳建議提前預約訂位。

●「LICENCED」、「B.Y.O」
在澳洲販賣酒類需持有執照。販賣酒類的商店會標示出「LICENCED」。若無標示則表示該店販賣無酒精飲品。另外，若有標示出「B.Y.O」，則表示可以自行攜帶酒類入店。部分店家會收取A\$2～20不等的開瓶費。

●夜間娛樂注意事項
需年滿18歲以上方可入店且購買酒精類飲品。入店前不要忘了先確認好消費方式。凱恩斯雖然治安良好，但女生晚上一個人走在路上的還是非常危險。也不要一個人前往夜店。

 ### 購物

●營業時間
凱恩斯的商店一般營業時間為9時～17時30分（週六為～16時）。每週四的Late Shopping Day則營業到21時。

●不能攜帶歸國的商品
新鮮蔬果、肉類、植物種苗、動物標本等以及各主要禁止進口及限制進口之物品，詳情請參照P103。

●稅金
澳洲收取10%的消費稅。旅客在規定的條件內辦理手續可享有退稅。詳情請參閱旅客退稅制度（→P105）。

 ### 戶外活動

日曬強烈，建議做好防曬。參加潛水及高空彈跳前，請先確認好報名條件，身體狀況不佳時請不要勉強參加。參加清晨出發的熱氣球之旅時，建議攜帶防寒外套。體驗泛舟時，要準備好替換的衣物。

 ### 飯店

●飯店種類
凱恩斯除了都會型飯店外，海邊還有多間充滿熱帶風情的度假飯店，以及設有高爾夫球場的郊區飯店。近年來，設有多間臥房及廚房、餐廳的酒店式公寓（→P60）很受歡迎。可以煮飯，價格實惠，適合長期旅遊。不過大部分酒店式公寓有限制須住三晚以上。

●辦理入住／退房
一般而言，15時之後可以辦理入住。部分飯店有提供加價申請提早入住的服務。大型行李可以在入住前寄存在飯店。退房時間為10～12時左右。

●飯店小費
基本上不需要小費。幫忙運送行李或提供特別服務時請給予小費。

 ### 基本禮儀

●吸菸
凱恩斯的昆士蘭省內，原則上所有飯店、餐廳、酒吧、公園、海灘等公共場所皆為禁菸。建築物的4m內區域也為禁菸。機場設有吸菸區。飯店也設有吸菸樓層，不過有部分飯店僅開放在陽台吸菸，請於行前確認好。澳洲的香菸一盒約為A\$15起，菸稅較高，因此價格也略高。

●飲酒
澳洲僅在The Bottle Shop售酒商店有販賣酒類。超市及便利商店皆無販售。基本上The Bottle Shop的營業時間為10～22時左右。飲酒及購買酒類需年滿18歲以上。

小小資訊 台灣人看起來都較為年輕，前往夜店及The Bottle Shop時，不要忘記攜帶可以證明年齡的身分證件。

突發狀況對應方式

雖然凱恩斯的治安良好，但還是要注意隨身物品及行李、包包不離身。盡量避免前往人煙稀少的地區或是獨自夜間外出。

生病時

請立即前往醫院就醫。或是請飯店協助請醫生前來看診。可以諮詢旅行社或保險公司的當地窗口，協助介紹醫院。在國外的醫療費相當高，建議出發前投保旅遊平安險。記得攜帶常備藥。

遭竊·遺失時

●護照

護照遺失或遭竊時，請立即到警察局備案，取得失竊（或遺失）證明。之後前往駐外單位申請補發護照或入國證明書，並請求協助後續處理。

●信用卡

請立即聯繫信用卡公司的緊急支援中心，申請掛失。為以防萬一，建議預先記下卡號及緊急聯絡電話，並與信用卡分開保管。

★ 突發狀況範例

●護照、高額現金及貴重品等可以存放在飯店的保險箱內。不攜帶外出。
●不要隨意放置行李，包包不離身。
⇒特別於機場及飯店辦理手續時，記得行李不能離開視線範圍。
●護照、信用卡、現金等請分開保管。
●不要信任陌生人。
⇒請不要相信隨意搭話的陌生人。也不能喝來歷不明的飲料。
●夜間外出時請搭乘計程車。
●萬一遇到搶劫，請不要反抗。
●開車或騎乘自行車時，請遵守當地交通規則。
●請勿放置行李在車上或巴士、遊覽車上。容易遭竊。
●外出時包包不離身，請避免將包包揹在靠車道那一側。

凱恩斯

●駐澳大利亞台北經濟文化辦事處
🏠3rd Floor Unit 8, 40 Blackall Street, Barton Canberra, ACT 2600, Australia) ☎(61-2) 61202000 🕐9～17時 ✕週末
※急難救助電話專供緊急求助之用（如車禍、搶劫、有關生命安危緊急情況等），非急難重大事件，請勿撥打；一般護照、簽證等事項，請於上班時間以辦公室電話查詢。☎(612)418-284-531

●外交部緊急聯絡中心
○旅外國人緊急服務專線（在海外遭遇緊急危難時，可透過該專線電話尋求聯繫協助）
☎0011-886-800-085-095
○外交部領事事務局總機電話（倘有護照、簽證及文件證明等問題，請於上班時間撥打）
☎0011-886-2-2343-2888

●警察局、消防局、救護車 ☎000

●信用卡緊急聯絡電話
○VISA全球緊急服務中心
☎0080-1-444-123
○MasterCard萬事達卡緊急支援服務
☎00801-10-3400
○JCB卡24小時全年無休免費服務專線
☎00801-81-4685

台灣

●澳洲辦事處
🏠台北市松高路9-11號27-28樓
☎(02)87254100
🕐8時45分～12時30分、
　13時30分～17時15分
✕週末、假日

●主要機場
○台灣桃園國際機場
第一航廈☎(03)2735081
第二航廈☎(03)2735086
緊急應變事件處理電話☎(03)2733550
🌐www.taoyuan-airport.com/
○高雄國際航空站
國內線☎(07)8057630
國際線☎(07)8057631
🌐www.kia.gov.tw/

簡單列出 行前準備memo

首先參考旅遊季節（→P8），決定服裝和攜帶物品。
出發前可利用memo欄做好行前準備，
若有時間，也可先想想要給誰買哪些伴手禮。

託運行李list

□鞋
除了好穿易走的平底鞋外，再準備
一雙外出鞋會更方便

□包包
早餐和晚餐時可放錢包和手機的小
包包，能隨身攜帶的大小即可

□衣服
選擇方便洋蔥式穿法、不容易皺的
材質

□貼身衣物
準備3套左右，在當地可清洗替
換。也別忘了襪子

□- - - - - - - - - - -
□- - - - - - - - - - -
□- - - - - - - - - - -

□牙刷組
有不少飯店並不提供牙刷、牙膏等用
品

□洗臉用品
卸妝、洗面乳等

□化妝品
粉底、口紅、眼影、腮紅、眼線筆等

□防曬用品
日照強烈的夏天請準備SPF係數較高
的產品

□沐浴用品
沐浴乳等清潔用品飯店都有，若無特
殊需求就不用多準備

□拖鞋
帶可折疊的旅行用拖鞋或用過即丟的
拖鞋比較方便

□常備藥
止瀉、腹痛、綜合感冒藥等，有漱口
水更好

□生理用品

□轉換插頭、充電器、充電電池
攜帶有內建變壓功能的國際規格機種，
或是另外帶變壓器

□環保袋
可折疊的袖珍型最方便

□折傘
若遇雨季也可攜帶雨衣

□太陽眼鏡

□帽子

有洗滌用品、折疊式衣架的
話會更方便。若預定要去熟
食店或超市購買食材的話，
也別忘了攜帶自用筷或免洗
叉子

！注意！
帶上機內的免費寄放行李，
會有重量和尺寸的限制，依
航空公司會有不同規定，出
發前請事先確認限制細節。
另外，託運的行李有時在搬
運過程中會出現破損，為防
萬一，請記得將行李箱綁上
行李帶

除了環保袋外，再多準
備幾個塑膠袋，可用來
裝濕衣服或購買液體物
品時使用

可善用分裝袋或保存
用的小袋子，將行李
整齊分類，或是用包
巾打包衣物

建議將較重的物品
（鞋子、沐浴用品
等）放置於行李箱
底部

SOAP

※鋰電池或鋰充電電池不可置於行李箱等托運行李，請多加留意行動電話充電用的電池。詳情請參閱交通部民用航空局網頁
※http://www.caa.gov.tw/big5/content/index01.asp?sno=1808

便利memo

護照號碼 （ ）		飯店 （ ）	
去程班機號碼（ ）		出發日 （ ）	
回程班機號碼（ ）		回國日 （ ）	

手提行李list

☐護照
　絕對不可忘記！　出發前再確認一次
☐信用卡
☐現金
　除了要在當地兌換的金額外，也別忘了國內要使
　用的交通費
☐數位相機
　電池、記憶卡最好再多準備一組
☐手機
　若手機有計算機功能，即可代替計算機
☐原子筆
　填寫出入境卡和海關申報單時會用到
☐旅行團行程表（機票／電子機票）
☐面紙
☐手帕
☐護唇膏
☐圍巾／口罩（有需要的人）
　機艙內空氣乾燥，可帶口罩防護

手提行李注意事項

液體類的東西若要帶上機艙會有相關限制（→P126）。
髮膠等噴霧類、護唇膏等膠狀物也包含在液體物品
內，請特別注意。此外，刀刃類物品禁止帶上機艙，
建議將機艙內不會用到的東西全放在行李箱託運。

叩叩世界

別忘了需找走

PASSPORT

推薦攜帶不需手
拿、可背在肩上
的包款

伴手禮list

送禮對象	禮物	預算

	名稱	類型	區域	頁碼	MAP
觀光景點、娛樂、市場	☐ A.J. Hackett Bungy	高空彈跳		P61	
	☐ All Tackle Sportsfishing	釣魚		P61	
	☐ Cairns Wildlife Dome	動物園	內灣周邊	P21	P125C3
	☐ Deep Sea Divers Den	潛水	凱恩斯郊區	P61	P123A3
	☐ Dive 7 Seas	潛水	凱恩斯市中心	P61	P125C2
	☐ Kick Arts	藝廊	凱恩斯市中心	P63	P123B3
	☐ Lizard Island Great Barrier Reef	度假村	蜥蜴島	P96	P120A1
	☐ Mount'N' Ride Adventure騎馬	騎馬		P62	
	☐ NQ Water Sports	水上運動	內灣周邊	P61	P125D3
	☐ Pro Dive	潛水	凱恩斯市中心	P61	P124B2
	☐ Raging Thunder Ballooning	熱氣球		P62	
	☐ Raging Thunder Rafting	泛舟		P62	
	☐ Rusty's Market	市集	凱恩斯市中心	P55	P124B3
	☐ Tourism Tropical Queensland	觀光服務處	海濱道	P13	P125C2
	☐ Tusa Dive	潛水	海濱道	P61	P125C2
	☐ 天堂棕櫚樹鄉村俱樂部	高爾夫球	凱恩斯郊區	P62	P122A2
	☐ 夜市	市集	海濱道	P58	P125C2
	☐ 查普凱原住民文化公園	主題樂園	凱恩斯郊區	P22、62	P122B2
	☐ 凱恩斯地區美術館	藝廊	凱恩斯市中心	P13、63	P125C2
	☐ 凱恩斯植物園	植物園	凱恩斯郊區	P62	P123A2
	☐ 潟湖游泳池	泳池	海濱道	P12	P125C2
餐廳、咖啡廳	☐ Al Porto Cafe	咖啡廳	內灣周邊	P15、50	P125D3
	☐ Barnacle Bill's Seafood Inn	海鮮	海濱道	P50	P125C1
	☐ Bavarian Beerhouse	德國菜	海濱道	P50	P124C1
	☐ Bobby's Restaurant	越南·中國菜	凱恩斯市中心	P51	P125C1
	☐ Bushfire Flame Grill	巴西烤肉	海濱道	P50	P125C3
	☐ Café China	廣東&北京菜	內灣周邊	P50	P125C3
	☐ Coast Roast Coffee	咖啡廳	海濱道	P13	P125C2
	☐ Coral Hedge Brasserie	自助餐	北凱恩斯	P51	P123B3
	☐ Dundee's on the Waterfront	現代澳洲菜	內灣周邊	P15	P125D3
	☐ Fetta's Greek Restaurant	希臘菜	凱恩斯市中心	P51	P124B2
	☐ Ganbaranba	博多拉麵	凱恩斯市中心	P51	P125C3
	☐ Korea Korea	韓國菜	凱恩斯市中心	P51	P125C2
	☐ M Yogo	創意法國菜	內灣周邊	P15、49	P125D2
	☐ Mondo Café Bar & Grill	無國界菜	內灣周邊	P14、65	P125C4
	☐ North Bar&Kitchen	餐廳	內灣周邊	P49	P125D3
	☐ Ochre Restaurant	現代澳洲菜	凱恩斯市中心	P50	P124B2
	☐ Perrotta's at the Gallery	義大利菜	凱恩斯市中心	P13、51	P125C2
	☐ Raw Prawn	現代澳洲菜	海濱道	P51	P125C1
	☐ Salt House	現代澳洲菜	內灣周邊	P14、49	P125D2
	☐ Spicy Bite	咖哩	海濱道	P50	P125C2
	☐ Tamarind	創意菜	內灣周邊	P49	P125C3
	☐ Tha Fish	海鮮	內灣周邊	P14	P125D2
	☐ Waterbar & Grill	澳洲牛肉	內灣周邊	P49	P125D2
	☐ 祭	日本料理	凱恩斯市中心	P51	P125C1
商店	☐ 82K Collection	生活雜貨&銀飾	海濱道	P58	P125C2
	☐ Alive Discount Pharmacy	藥妝店	凱恩斯市中心	P57	P125C2
	☐ Australian Geographic	生活雜貨	凱恩斯站周邊	P17、52	P124A2
	☐ Bico	珠寶	凱恩斯市中心	P53	P125C2
	☐ Bob's Woodart	木工藝品	庫蘭達	P30	P30
	☐ by the Sea	禮品店	海濱道	P53	P125C2
	☐ Cairns Didgeridoos	原住民藝術	海濱道	P58	P125C2
	☐ Canterbury of Cairns	橄欖球裝	凱恩斯市中心	P54	P125C3
	☐ Chibnalls	珠寶	內灣周邊	P52	P125C4
	☐ Coles Cairns Central	超市	凱恩斯站周邊	P57	P124A2
	☐ DFS Galleria Cairns	免稅店	凱恩斯市中心	P53	P125C3
	☐ Fujii Store	生活雜貨	凱恩斯市中心	P17、55	P125C3
	☐ Honeyland	蜂蜜	凱恩斯市中心	P54	P125C2
	☐ Koharu	手工肥皂	海濱道	P58	P125C2
	☐ Kuranda Homemade Icecream	冰淇淋	庫蘭達	P31	P30
	☐ Myer	百貨公司	凱恩斯站周邊	P52	P124A2

	名稱	類型	區域	頁碼	MAP
商店	☐ OK Gift Shop	禮品店	凱恩斯市中心	P55	P125C3
	☐ Orchid Plaza	購物商場	凱恩斯市中心	P54	P125C2
	☐ Pouch	生活雜貨	凱恩斯市中心	P17、55	P125C3
	☐ Red Ginger	休閒服	凱恩斯市中心	P55	P125C2
	☐ Regency	蛋白石	凱恩斯市中心	P54	P125C2
	☐ Smiggle	文具	凱恩斯站周邊	P52	P124A2
	☐ Smithfield Shopping Centre	購物中心	凱恩斯郊區	P55	P122B2
	☐ Splish Splash	泳裝	凱恩斯站周邊	P17、52	P124A2
	☐ Spring Wood	飾品	海濱道	P58	P125C2
	☐ Taste on Macrossan	澳洲食材	道格拉斯港	P75	P127A1
	☐ The Australian Leather Company	皮製品	海濱道	P17、53	P125C2
	☐ The Pier at the Marina	購物中心	內灣周邊	P53	P125D2
	☐ Treat Ya Feet	海灘鞋	海濱道	P58	P125C2
	☐ Under Art Gallery	藝術作品	凱恩斯市中心	P54	P125C3
	☐ Woolworths	超市	凱恩斯市中心	P57	P125C2
	☐ 凱恩斯中央購物中心	購物中心	凱恩斯站周邊	P17、52	P124A2
美容景點	☐ Aiga	Spa	內灣周邊	P19	P125C4
	☐ Boon Boon Beauty Center	Spa	凱恩斯市中心	P19	P125C2
	☐ Cool Body	Spa	凱恩斯市中心	P66	P124C2
	☐ Ella Bache	Spa	凱恩斯站周邊	P66	P124A3
	☐ Refresh City day Spa	Spa	凱恩斯市中心	P19、66	P124B2
	☐ Shaira Star	Spa	凱恩斯郊區	P66	P123B4
	☐ Spa by the Sea	Spa	海濱道	P18	P123B3
	☐ Vie Spa	Spa	內灣周邊	P18	P125C3
夜間娛樂	☐ 12 Bar Blue	爵士酒吧	凱恩斯市中心	P64	P124B2
	☐ Bernie's Jazz and Piano Bar	爵士酒吧	凱恩斯市中心	P64	P125C1
	☐ Cairns Courthouse Hotel	現場演唱吧	凱恩斯市中心	P64	P125C2
	☐ Gilligans Nightclub & Bar	夜店	凱恩斯市中心	P65	P124B2
	☐ McGinty's	Pub	凱恩斯市中心	P65	P124B2
	☐ Rattle n Hum	酒吧	海濱道	P65	P125C2
	☐ The Pier Bar & Grill	酒吧	內灣周邊	P65	P125D2
	☐ The Union Jack Hotel	Pub	凱恩斯市中心	P65	P124B3
	☐ The Woolshed	酒吧	凱恩斯市中心	P65	P125C2
	☐ Vertigo Cocktail Bar & Lounge	酒吧	內灣周邊	P65	P124C3
	☐ 查普凱族歌舞秀&晚餐	晚餐秀	凱恩斯郊區	P64	P122B2
飯店	☐ 201湖街公寓酒店	公寓型	北凱恩斯	P60	P123B3
	☐ 曼特曲羅吉酒店	公寓	海濱道	P60	P125C1
	☐ 曼特拉伊斯蘭蘭德酒店	公寓型	海濱道	P60	P125C2
	☐ 凱恩斯太平洋酒店	大飯店	海濱道	P59	P125C3
	☐ 凱恩斯希爾頓酒店	大飯店	內灣周邊	P27	P125C4
	☐ 凱恩斯希爾頓逸林酒店	大飯店	海濱道	P59	P123B3
	☐ 凱恩斯里吉斯貿易風酒店	大飯店	海濱道	P59	P123B3
	☐ 凱恩斯里吉斯廣場酒店	大飯店	凱恩斯市中心	P59	P124B3
	☐ 凱恩斯里吉斯濱海度假村	大飯店	北凱恩斯	P59	P123B3
	☐ 凱恩斯哈伯萊茨酒店	公寓	內灣周邊	P60	P125D3
	☐ 凱恩斯科羅尼澳俱樂部度假村	大飯店	凱恩斯郊區	P59	P123A2
	☐ 凱恩斯香格里拉大酒店	大飯店	內灣周邊	P26	P125D3
	☐ 凱恩斯國際鉑爾曼酒店	大飯店	內灣周邊	P27	P125C3
	☐ 凱恩斯傑克和尼威爾度假公寓	公寓型	內灣周邊	P26	P125C4
	☐ 凱恩斯豪畔休閒酒店	公寓型	海濱道	P59	P125C2
	☐ 諾富特凱恩斯綠洲度假村	大飯店	凱恩斯市中心	P59	P125C1
	☐ 礁港鉑爾曼酒店賭場	大飯店	內灣周邊	P27	P125C3

凱恩斯郊區（庫蘭達、棕梠灣、道格拉斯港、亞瑟頓高原）

	名稱	類型	區域	頁碼	MAP
	☐ Bruce Belcher's Daintree River Cruises	遊河船	戴恩樹	P78	P122A1
	☐ Buccaneer Beach & Surf	沖浪裝	棕櫚灣	P71	P126B2
	☐ Cafe Eco	咖啡廳	道格拉斯港	P75	P127A1
	☐ Daintree Eco Lodge & Spa	飯店	戴恩樹	P78	P122A1
	☐ Deli a Drift	三明治	棕櫚灣	P71	P126B2
	☐ Gallo		亞瑟頓高原	P39	P122A3
	☐ Grand Mercure Rockford Palm Cove	飯店	棕櫚灣	P73	P126B2
	☐ Kuranda Coffee Republic	咖啡廳	庫蘭達	P31	P30

☐想去的地方打✓　■去過的地方塗黑

名稱	類型	區域	頁碼	MAP
□ Mirage Country Club	高爾夫球場	道格拉斯港	P62	P127A3
□ Nautilus	現代澳洲菜	道格拉斯港	P75	P127A1
□ Nu Nu	創意菜	棕櫚灣	P71	P126B1
□ On the Inlet	海鮮	道格拉斯港	P75	P127A1
□ Palm Cove Shopping Village	購物中心	棕櫚灣	P71	P126B1
□ Palm Cove Tourist Information	觀光服務處	棕櫚灣	P70	P126B1
□ Portfolio	生活雜貨	道格拉斯港	P75	P127A1
□ QT道格拉斯港酒店	飯店	道格拉斯港	P77	P127A3
□ RAA and the TEMPLE	休閒服	棕櫚灣	P71	P126B1
□ Tropical Journeys	觀光服務處	道格拉斯港	P74	P127A1
□ Vivo	現代義大利菜	棕櫚灣	P71	P126B2
□ 尤加布拉	村莊	亞瑟頓高原	P39	P122A3
□ 巴林湖	湖泊	亞瑟頓高原	P39	P122B3
□ 四哩海灘	海灘	道格拉斯港	P75	P127A2
□ 尼拉瑪雅Spa別墅	飯店	道格拉斯港	P77	P127A4
□ 米拉米拉瀑布	瀑布	亞瑟頓高原	P38	P122A3
□ 希爾奇橡樹酒店	飯店	莫斯曼	P78	P122A1
□ 亞瑟頓高原	高原	亞瑟頓高原	P39	P122A~B3
□ 帕羅尼拉公園	建築物藝術	凱恩斯近郊	P63	P122B4
□ 阿拉曼達棕櫚灣蘭斯摩爾酒店	飯店	棕櫚灣	P72	P126B2
□ 哈特利鱷魚探險之旅	動物園	凱恩斯郊區	P21、37	P122A2
□ 珊瑚礁之家棕櫚灣美懷閣索菲特酒店	飯店	棕櫚灣	P73	P126B1
□ 胡椒海灘Spa俱樂部酒店	飯店	棕櫚灣	P73	P126B1
□ 埃利斯海灘	海灘	凱恩斯郊區	P36	P122A2
□ 庫蘭達文化遺產市場	市集	庫蘭達	P31	P30
□ 庫蘭達原生雨林市集	市集	庫蘭達	P31	P30
□ 庫蘭達無尾熊園	動物園	庫蘭達	P21、31	P30
□ 庫蘭達觀光火車	觀光鐵路	庫蘭達	P28	P124A1
□ 曼特拉傳統酒店	飯店	道格拉斯港	P77	P127A1
□ 莫斯曼峽谷	溪谷	莫斯曼	P78	P122A2
□ 野生動物棲息地	動物園	道格拉斯港	P21、37	P127A4
□ 鳥園	動物園	庫蘭達	P31	P30
□ 凱瓦拉海灘度假村	飯店	棕櫚灣	P73	P126B4
□ 普爾曼道格拉斯港海神廟Spa度假村	飯店	道格拉斯港	P77	P127B4
□ 窗簾樹	無花果樹	亞瑟頓高原	P39	P122A3
□ 道格拉斯港華美達度假酒店	飯店	道格拉斯港	P77	P127A4
□ 道格拉斯港麗景喜來登度假酒店	飯店	道格拉斯港	P76	P127A2
□ 鉑爾曼棕櫚灣海神廟度假村	飯店	棕櫚灣	P72	P126A2
□ 雷克斯觀景台	觀景台	凱恩斯郊區	P37	P122A2
□ 旗桿山觀景台	觀景台	道格拉斯港	P37	P127A1
□ 裴帕斯海灘俱樂部酒店	飯店	道格拉斯港	P76	P127A1
□ 熱帶雨林自然公園	主題樂園	庫蘭達	P21、31	P122B2
□ 熱帶雨林纜車	纜車	凱恩斯近郊	P28	P122B2
□ 澳洲蝴蝶保護區	蝴蝶園	庫蘭達	P31	P30
□ 觀光服務處	觀光服務處	庫蘭達	P30	P30

大堡礁

□ 大凱珀爾島度假村	度假村	大凱珀爾島	P100	P121B3
□ 白日夢島Spa度假酒店	度假村	白日夢島	P94	P121A1
□ 伊麗特女士島度假村	度假村	伊麗特女士島	P99	P119D3
□ 哈格斯通島	度假村	哈格斯通島	P100	P118D1
□ 海曼島獨一無二度假村	度假村	海曼島	P92	P121A1
□ 景福士灣度假村	度假村	弗雷澤島	P100	P119D4
□ 無尾熊冒險島度假村	度假村	南莫爾島	P100	P121A1
□ 費茲羅伊島	度假村	費茲羅伊島	P98	P122B2
□ 黑容島度假村	度假村	黑容島	P99	P121B3
□ 塔萊海灘別墅酒店	度假村	凱恩斯郊區	P37	P122A2
□ 奧費斯島度假村	度假村	奧費斯島	P99	P120B4
□ 漢密爾頓島度假村	度假村	漢密爾頓島	P86	P121A1
□ 綠島度假村	度假村	綠島	P32	P122B2
□ 福臨島	度假村	福臨島	P98	P122B3
□ 戴恩樹探索中心	自然觀察設施	戴恩樹	P78	P122A1

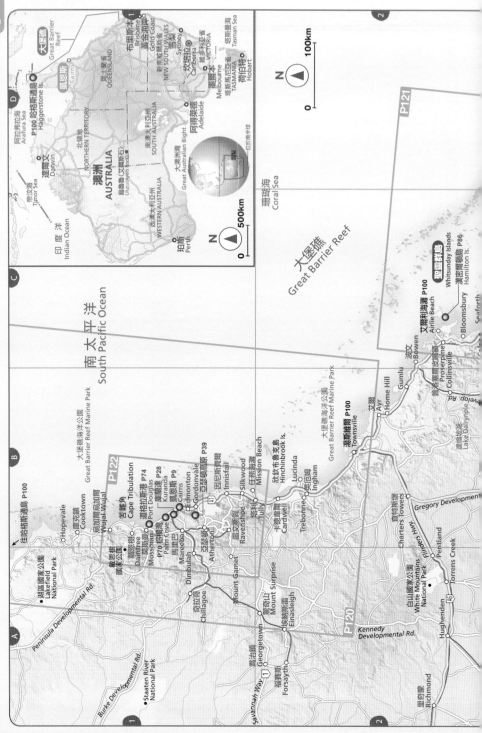

大洋洲
Great Barrier Reef

凱恩斯 Cairns

P100 哈格斯通島 Haggerstone Is.

阿拉弗拉海
Arafura Sea

達爾文
Darwin

帝汶海
Timor Sea

印度洋
Indian Ocean

北領地
NORTHERN TERRITORY

澳洲
AUSTRALIA

西澳大利亞州
WESTERN AUSTRALIA

珀斯
Perth

昆士蘭省
QUEENSLAND

南澳大利亞州
SOUTH AUSTRALIA

大澳洲灣
Great Australian Bight

布里斯本
Brisbane

黃金海岸
Gold Coast

新南威爾斯省
NEW SOUTH WALES

雪梨
Sydney

坎培拉
Canberra

墨爾本
Melbourne

維多利亞省
VICTORIA

塔斯馬尼亞省
TASMANIA

荷巴特
Hobart

塔斯曼海
Tasman Sea

烏魯魯（艾爾斯石）
Uluru(Ayers Rock)

阿得萊德
Adelaide

位於南半球

100km

N

N

500km

珊瑚海
Coral Sea

大堡礁
Great Barrier Reef

P121

聖靈群島 聖靈群島
Whitsunday Islands P86
漢密爾頓島 Hamilton Is.

艾爾利海灘 P100
Airlie Beach

Bloomsbury

Seaforth

Bowen

波文

普若塞派恩
Proserpine

拉恩塞爾皮恩海灘
Collinsville

戴佛朗帕
Development Rd.

大堡礁海洋公園
Great Barrier Reef Marine Park

南太平洋
South Pacific Ocean

大堡礁海洋公園
Great Barrier Reef Marine Park

Gumlu

Home Hill

艾爾
Ayr

湯斯維爾 P100
Townsville

Lake Dalrymple
達爾林普爾湖

P122

苦難角
Cape Tribulation

庫蘭達 P9
Kuranda

道格拉斯港 P74
Port Douglas

帕隆灣
Palm Cove

凱恩斯 P28
Cairns

艾德蒙頓
Edmonton

Gordonvale

戈登韋爾

因尼斯費爾 P39
阿瑟頓高原
Atherton Tableland

瓦加爾瓦加爾烏加爾
Wujal Wujal

苔絲瑪格拉普
Mossman

瑪麗巴
Marreeba

馬里巴
Dimbulah

任務海灘
Mission Beach

席爾克伍德
Silkwood

圖利
Tully

雷文斯霍
Ravenshoe

Hinchinbrook Is.

欣欽布魯克島

盧辛達
Lucinda

英厄姆
Ingham

卡德韋爾
Cardwell

崔玻恩
Trebonne

Peninsula Developmental Rd.

戴恩樹國家公園
Daintree
National Park

戴恩樹
Daintree

P70 總圖範圍
Mossman

霍普韋爾
Hopevale

庫克鎮
Cooktown

湖區國家公園
Lakefield
National Park

住帕格嫩通島 P100

奇拉哥
Chillagoe

亞瑟頓
Atherton

驚奇山
Mount Surprise

埃納斯萊
Einasleigh

Mount Garnet

白山國家公園
White Mountains
National Park

Pentland

賓特蘭

Charters Towers

查特斯堡

Gregory Developmen

格里高利

Torrens Creek

托倫斯溪

Kennedy
Developmental Rd.

P120

Staaten River
National Park

斯塔騰河國家公園

喬治敦
Georgetown

嘉治敦

Savannah Way

Forsayth

福賽斯

Burke Developmental Rd.

Flinders Hwy.

Richmond

里奇蒙

Hughenden

休恩登

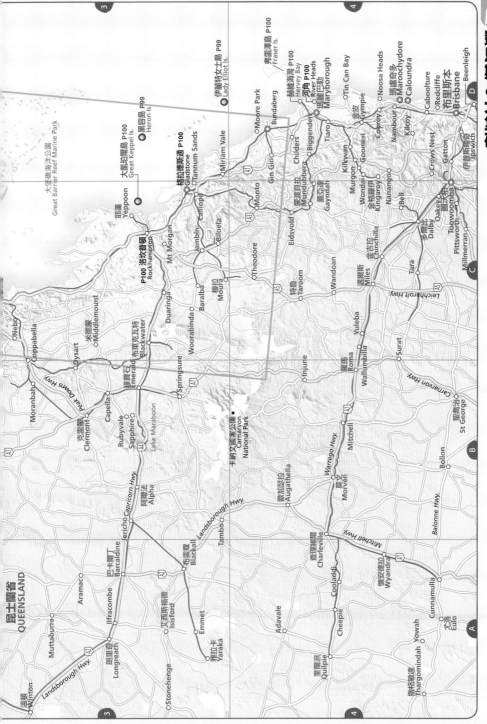

昆士蘭省
QUEENSLAND

大堡礁海洋公園
Great Barrier Reef Marine Park

大凱珀島 P100
Great Keppel Is.

黑容島 P99
Heron Is.

伊麗莎白女士島 P99
Lady Elliot Is.

弗雷澤島 P100
Fraser Is.

赫維貝灣 P100
Hervey Bay

河角 P100
River Heads

格拉德斯通 P100
Gladstone

P100洛坎普頓
Rockhampton

卡納文國家公園
Carnarvon National Park

●餐廳・咖啡店　●商店　●夜間娛樂　●美容保養　●觀光景點・戶外活動　Ⓗ飯店

往哈格斯通島 P100

Corbett Reef
King Is.
Pipon Is.
Stanley Is.
Flinders Is.
梅維爾角
Cape Melville
Berwick Is.

梅維爾角國家公園
Cape Melville
National Park

南太平洋
South Pacific Ocean

H Lizard Island
Great Barrier Reef P96
蜥蜴島 P96
Lizard Is.

夫拉特里角
Cape Flattery

Ribbon Reef

Great Barrier Reef
大堡礁

120
121

N
0   50km

湖區國家公園
Lakefield
National Park

希望谷
Hopevale

貝德福角
Cape Bedford

庫克鎮
Cooktown

Cruiser Passage

Peninsula Developmental Rd.

Mulligan Hwy.

烏加爾烏加爾
Wujal Wujal

苦難角
Cape Tribulation

P122

Holmes Reef

戴恩樹
國家公園
Daintree
National Park

戴恩樹
Daintree

莫斯曼
Mossman

紐厄爾
Newell

Tongue
Reef

道格拉斯港 P74
Port Douglas

Flora Reef

P70 棕櫚灣
Palm Cove

44 Clifton Beach

綠島 P32
Green Is.

P28 庫蘭達
Kuranda

Smithfield

費茲羅伊島 P98
Fitzroy Is.

P9 凱恩斯
Cairns

馬里巴
Mareeba

亞瑟頓
高原 P39
Atherton

愛登維爾
Edmonton
戈登維爾
Gordonvale

Burke Developmental Rd.

奇勒高
Chillagoe

Chillagoe-Mungana
National Park

Dimbulah

Tolga

27

珊瑚海
Coral Sea

亞瑟頓
Atherton

Yungaburra

A1

Herberton

Malanda

Bramston Beach

Howie Reef

Millaa Millaa

雷文斯賀
Ravenshoe

South
Johnstone

因尼斯費爾
Innisfail

CAIRNS LINE

凱恩斯線

Mount Garnet

Silkwood

任務海灘
Mission Beach

El Arish

敦克島 Dunk Is.
貝達拉島 Bedarra Is.

塔利
Tully

Lake
Koombooloomba

Kennedy Hwy.

Savannah Way

驚奇山
Mount Surprise

Undara Volcanic
National Park

卡德韋爾
Cardwell

欣欽布魯克島
Hinchinbrook Is.

Britomart Reef

Great Barrier Reef
Marine Park
(Central Section)

埃納斯雷
Einasleigh

Girringun
National Park

Lucinda

奧費斯島 P99
Orpheus Is.

棕櫚島
Palm Is.

Trebonne

英厄姆
Ingham

Broadhust
Reef

1

A7

莉曼多交匯站
The Lynd Junction

A7

格林韋爾
Greenvale

NORTH COAST LINE

布魯斯高速公路
Bruce Hwy.

磁島
Magnetic Is.

湯斯維爾 P100
Townsville

Alligator Creek

Gregory Developmental Rd.

Deeragun

B 往麥凱

艾爾利海灘 P100
Airlie Beach
修特港 P100
Shute Harbour
海曼島 P92
Hayman Is.
心形礁 P90
Heart Reef
One&Only Hayman Island P92
聖靈群島
Whitsunday Islands
白日夢島 P94
Daydream Is.
白天堂沙 P90灘
White Heaven Beach
漢密爾頓島 P86
Hamilton Is.
Daydream Island Resort Spa P94
南莫爾島 P100
South Molle Is.
普羅斯培林
Proserpine
蓮達文島
Lindeman Is.
漢密爾頓島度假村 P86
Hamilton Island Resort
Midge Pt
Calen
Seaforth
布蘭普頓島
Brampton Is.
Pompey Complex
Finch Hatton
Mirani
Eton
麥凱
Mackay
Bakers Creek
薩裡那
Sarina
Peak Downs Hwy
Fitzroy Developmental Rd
Nebo
中央島
Middle Is.
South Is.
Swain Reef
大堡礁
Great Barrier Reef
Berwick Is.
長島
Long Is.
湯森島
Townshend Is.
Bruce Highway
Torilla Peninsula
NORTH COAST LINE
Capricorn Channel
米德蒙
Middlemount
Goodedulla National Park
耶蓬
Yeppoon
羅斯林灣 P100
Rosslyn Bay
大凱珀爾島 P100
Great Keppel Is.
黑容島 P99
Heron Is.
布萊克瓦特
Blackwater
P100 羅克漢普頓
Rockhampton
Gracemere
Emu Park
Keppel Sands
菲茨羅伊礁
Fitzroy Reef
Capricorn Highway
CENTRAL LINE
Bouldercombe
寇提斯島
Curtis Is.
Curtis Channel
Duaringa
Mt Morgan
格拉德斯通 P100
Gladstone
Tannum Sands
Leichhardt Highway
Baralba
Jambin
Calliope
Seventeen Seventy
Agnes Water
Rolleston
Dawson Highway
Biloela
Thangool
Miriam Vale
穆拉
Moura
Bauhinia
Fitzroy Development Rd
Moore Park
坦伯林山國家公園
Palmgrove National Park
Theodore
Burnett Highway
Monto
Gin Gin
Bundaberg
往赫維海灣 P100
Cordalba

0 50km N

周邊地圖參閱 P119

●餐廳・咖啡店 ●商店 ●夜間娛樂 ●美容保養 ●觀光景點・戶外活動 H飯店

烏加爾烏加爾
Wujal Wujal

P78 希爾奇橡樹酒店
Silky Oaks Lodge &
Healing Waters Spa

苦難角
Cape Tribulation

St. Crispin Reef

大堡礁
Great Barrier Reef

P78 Daintree Eco
Lodge & Spa

戴恩樹
Daintree

Daintree Discovery Centre P78

Bruce Belcher's Daintree River Cruises P78

雷克斯觀景台 Rex Lookout P37
Updraught 滑翔翼 P37
Updraught Hang Gliders

巴特礁
Batt Reef

戴恩樹國家公園
Daintree National Park

莫斯曼
Mossman

Saxon Reef

Hastings Reef

道格拉斯港 P74
Port Douglas

塔萊海灘別墅酒店 P37
Thala Beach Lodge

P97
麥克馬斯珊瑚礁
Michaelmas Cay

麥克馬斯堡礁
Michaelmas Reef

卡賓山
Mount Carbine

莫斯曼峽谷 P78
Mossman Gorge

傑拉坦
Julatten

Craiglie

P21、37 哈特利鱷魚探險之旅
Hartley's Crocodile Adventures

三一灣
Trinity Bay

大堡礁海洋公園
Great Barrier Reef Marine Park

Arlington Reef

棕櫚灣 P70
Palm Cove

綠島度假村 P32
Green Island Resort

莫里山
Mount Molloy

P36 埃利斯海灘
Elis Beach

綠島 P32
Green Is.

史密斯菲爾德購物中心 P55
Smithfield Shopping Centre

P62 天堂棕櫚樹鄉村俱樂部
Paradise Palms Country Club

克里夫頓海灘
Clifton Beach

史密斯菲爾德
Smithfield

Hann Tableland
National Park

P28 庫蘭達
Kuranda

凱恩斯國際機場
Cairns International
Airport

熱帶雨林纜車 卡拉沃尼卡站 P29
Skyrail Caravonica Terminal

P21、31 熱帶雨林自然公園
Rainforestation Nature Park

雅拉巴
Yarrabah

查普凱原住民文化公園 P62
Tjapukai Aboriginal Cultural Park

馬里巴
Mareeba

莫里斯湖
Lake Morris

凱恩斯 P9
Cairns

查普凱族歌舞秀&晚餐 P64
Tjapukai Dance Show&
Dinner

費茲羅伊島 P98
Fitzroy Is.

戈登維爾
Gordonvale

亞瑟頓高原 P39
Atherton Tableland

Pt. Palmer

Mutchilba

丁布拉
Dimbulah

凱恩斯線
CAIRNS LINE

蒂納魯湖
Lake Tinaroo

福臨島 P98
Frankland Is.

Pt. Bramston

托加
Tolga

尤加布拉 P39
Yungaburra

P39 窗簾樹
Peterson Creek

亞瑟頓
Atherton

巴林湖 P39
Lake Barrine

巴畢達
Babinda

Bramston Beach

P39 Gallo

P39 窗簾樹
Curtain Fig Tree

馬蘭達
Malanda

荷伯頓
Herberton

P38 米拉米拉瀑布
Millaa Millaa Fall

臥如龍
國家公園
Wooroonooran
National Park

Flying Fish Point

Petford

亞文班克
Irvinebank

米拉米拉
Millaa Millaa

P63 Paronella Park

因尼斯費爾
Innisfail

South Johnstone

雷文斯賀
Ravenshoe

Mount Gamet

Kennedy Hwy.

Cardstone

South Mission Beach

El Arish

庫里曼海灘
Kurrimine Beach

任務海灘
Mission Beach

南任務海灘
South Mission Beach

庫姆布倫巴湖
Lake Koombooloomba

塔利
Tully

Tully Heads

N

0   20km

往通用航空航廈
大洋濱海濱道

AEROGLEN

Magee St.

凱恩斯國際機場
Cairns International Airport

Airport Av.

Saltwater Ck.

Great Barrier Reef Dr.

維特菲爾特山
保育公園
Mount Whitfield
Conservation Park

Airport Av.

珊瑚海
Coral Sea

Walsh St. 凱恩斯植物園 P62
Cairns Botanic Gardens

Collins St.

世紀湖
Centenary Lake

Greenslopes St.
The Lakes Cairns Resort & Spa

布魯克紀念公園
Tobruk Memorial Gardens

Lily St.

Digger St.

Acacia Court

Holiday Inn Harbourside Cairns

北凱恩斯
CAIRNS NORTH

三一灣
Trinity Bay

Coral Hedge Brasserie P50

凱恩斯里吉斯濱海度假村 P59
Rydges Esplanade Resort Cairns

201湖街公寓酒店 P60
201 Lake Street

Cairns Private Hospital

Spa by the Sea P18

凱恩斯里吉斯貿易風酒店 P59
Rydges Tradewinds Cairns

熱帶塔
Tropic Tower

Macnamara St.

大洋濱海濱道

KURANDA SCENIC RAILWAY
庫蘭達景觀火車 P28

Arthur St.

凱恩斯墓園
Cairns Cemetery

James St.

Lily Ck.

Grove St.

海濱道

Esplanade

Lake St.

Grafton St.

Great Barrier Reef Dr.

健身場
凱恩斯希爾頓逸林酒店 P59
Double Tree by Hilton

凱恩斯科羅尼澳
俱樂部度假村 P59
Cairns Colonial Club Resort

Anderson St.

Fearnley St.

Charles St.

Martyn St.

Grove St.

McLeod St.

Upward St.

Kerwin St.

野鳥園調站

The Hotel Cairns

MANUNDA

Walkinson St.

McLeod Medical Center

P46 Jucy Rentals

凱恩斯警察局

Florence St.

Minnie St.

Cairns
Aquarium

Abbott St.

Esplanade

Kick Arts P63

碼頭
Marlin Wharf

Clarke St.

Eureka St.

Gatton St.

Buchan St.

Maranoa St.

Weller St.

Aplin St.

市立劇場
Civic Theatre

凱恩斯
CAIRNS

Hoare St.

P61 Deep Sea Divers Den

運動場
Sportsground

Mulgrave Rd.

Prewett St.

Shields St.

Spence St.

WESTCOUT

凱恩斯站
CAIRNS STN.

中央郵局

Hartley St.

Dutton St.

Bunda St.

Wharf St.

三一碼頭
Trinity Wharf

English St.

帕拉瑪塔公園
PARRAMATTA
PARK

Scott St.

Draper St.

Shaira Star P66

三一灣海口
Trinity Inlet

Tills St.

Lyons St.

Isamah St.

Winkworth St.

Spence St.

Hartley St.

Fearnley St.

Kenny St.

Brown St.

Boland St.

Aumuller St.

Buchan St.

Comport St.

McCoondie St.

Mulgrave Rd.

Lyons St.

Newell St.

Morehead St.

PORTSMITH

NORTH CORST LINE

Cook St.

Chinaman Ck.

Scott St.

BUNGALOW

N
0   500m

●餐廳‧咖啡店 ●商店 ●夜間娛樂 ●美容保養 ●觀光景點‧戶外活動 H飯店

凱恩斯市區（南）

Water St.

Mcleod St.

市立劇場
Civic Theatre

Villa Vaucluse

P46 Budget

P46 A1 Car rentals Cairns

Koala Beach Resort

Aplin St.

● Thrifty **P46**

P46 Avis

庫蘭達觀光火車 **P28**
KURANDA SCENIC RAILWAY

Cairns Central Plaza

Sheridan St.

Leo's Budget Accomodation

Marquis on Grafton

Cairns City Bus Station

● Event Cinemas Cairns

St.George Bank

P48 Cairns Scooter & Bicycle Hire

The Nothern Green House

P57 Alive Discount Pharmacy

凱恩斯站 **P10**
CAIRNS STN.

凱恩斯中央停車場

P17、52 凱恩斯中央購物中心
Cairns Central

Railway

P65 McGINTY'S

12 Bar Blue **P64**

市政府辦公處
Queensland Gover

P52 Myer

P50 Ochre Restaurant

Pro Dive **P61**

P52 Splish Splash

P52 Smiggle

希爾德斯街

Shields St.

Crown

P.J. O'Briens

Hides Corner

P52 Australian Geographic

● Grand

P19、66 Refresh City Day Spa

Main Street Arcade

P57 Coles

Fetta's Greek Restaurant

City Arcade

Inn

美食廣場
Food Court

Marino's Arcade

麥當勞
McDonalds

市政府辦公處
Queensland Government

Gilligans

Gilligans Night Club & Bar **P65**

Adventure Travel Specialists P

P109 凱恩斯中央郵局

P55 Rusty's Market

● Oceana Walk

P66 Ella Bache

P59 凱恩斯里吉斯廣場酒店
Rydges Plaza Cairns

P51 Ganbaranb

P54 Canterbur of Cairn

Hogs Breath Cafe ●

The Jack

● Coffee Works

斯賓塞街

P65 The Union Jack Hotel

Spence

移民署
Immigration

Clarendon ●

● Panama

Beaumont ●

Bunda St.

謝里登街

警察總部
Police Headquarters

Il Centro Appartments

Grafton St.

Cairns Corporate Tower

法院
Cairns Court House

P112 CTL Medical Service

ANZ銀行
ANZ Bank

Dutton St.

市政府辦公處
Queensland Government

凱恩斯郵局
Cairns Post Shop

Hartley St. Central

NORTH COAST LINE

Hartley St. East

港務局
Cairns Port Authority

凱恩斯會議中心
Cairns Convention Centre

Wha

周邊地圖參閱P123

麥克勞德街

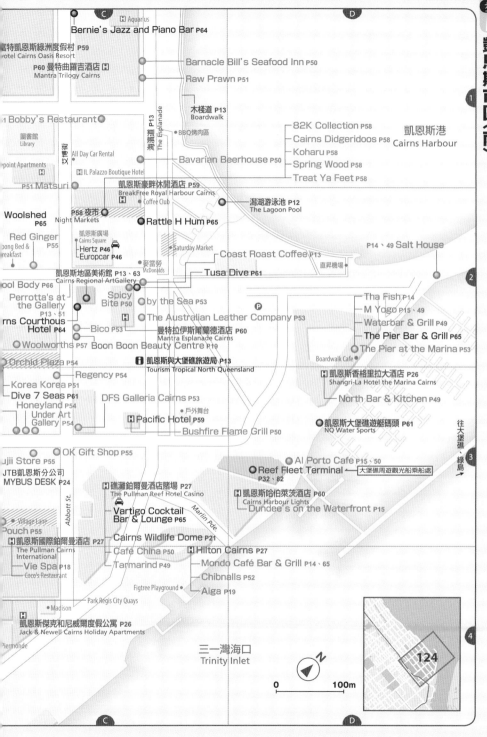

C
D

1

Bernie's Jazz and Piano Bar **P64**
H Aquarius

富特凱恩斯綠洲度假村 **P59**
Hotel Cairns Oasis Resort

Barnacle Bill's Seafood Inn **P50**

P60 曼特曲羅吉酒店 H
Mantra Trilogy Cairns

Raw Prawn **P51**

木桟道 **P13**
Boardwalk

1 Bobby's Restaurant

82K Collection **P58**

凱恩斯港
Cairns Harbour

圖書館
Library

Cairns Didgeridoos **P58**

海灘道 **P13**
The Esplanade

BBQ烤肉區

Koharu **P58**

艾斯灣海
All Day Car Rental

Bavarian Beerhouse **P50**

Spring Wood **P58**

point Apartments

H IL Palazzo Boutique Hotel

Treat Ya Feet **P58**

P51 Matsuri

凱恩斯豪畔休閒酒店 **P59**
BreakFree Royal Harbour Cairns

潟湖游泳池 **P12**
The Lagoon Pool

Coffee Club

Woolshed
P65

P58 夜市
Night Markets

Rattle H Hum **P65**

Red Ginger
oong Bed &
P55
reakfast

凱恩斯廣場
Cairns Square

Hertz **P46**

Europcar **P46**

Saturday Market

P14、49 Salt House

ool Body **P66**

凱恩斯地區美術館 **P13、63**
Cairns Regional ArtGallery

麥當勞
McDonalds

直昇機場

Coast Roast Coffee **P13**

2

Perrotta's at
the Gallery
P13、51

Spicy
Bite **P50**

by the Sea **P53**

Tusa Dive **P61**

Tha Fish **P14**

M Yogo **P15、49**

rns Courthouse
Hotel **P64**

The Australian Leather Company **P53**

P

Waterbar & Grill **P49**

Bico **P53**

曼特拉伊斯蘭蘭德酒店 **P60**
Mantra Esplanade Cairns

The Pier Bar & Grill **P65**

Woolworths **P57** Boon Boon Beauty Centre **P19**

Boardwalk Cafe

The Pier at the Marina **P53**

Orchid Plaza **P54**

凱恩斯與大堡礁旅遊局 **P13**
Tourism Tropical North Queensland

凱恩斯香格里拉大酒店 **P26**
Shangri-La Hotel the Marina Cairns

Regency **P54**

Korea Korea **P51**

North Bar & Kitchen **P49**

Dive 7 Seas **P61**

Honeyland **P54**

DFS Galleria Cairns **P53**

凱恩斯大堡礁遊艇碼頭 **P61**
NQ Water Sports

Under Art
Gallery **P54**

Pacific Hotel **P59**

戶外舞台

Bushfire Flame Grill **P50**

往大堡礁、綠島

3

OK Gift Shop **P55**

Al Porto Cafe **P15、50**

ujii Store **P55**

Reef Fleet Terminal
P32、82

大堡礁周遊觀光船乘船處

JTB凱恩斯分公司
MYBUS DESK **P24**

礁灘鉑爾曼酒店賭場 **P27**
The Pullman Reef Hotel Casino

凱恩斯哈伯萊茨酒店 **P60**
Cairns Harbour Lights

Vartigo Cocktail
Bar & Lounge **P65**

Dundee's on the Waterfront **P15**

Village Lane

Pouch **P55**

Cairns Wildlife Dome **P21**

凱恩斯國際鉑爾曼酒店 **P27**
The Pullman Cairns
International

Café China **P50**

H Hilton Cairns **P27**

Vie Spa **P18**
Coco's Restaurant

Tarmarind **P49**

Mondo Café Bar & Grill **P14、65**

Chibnalls **P52**

Aiga **P19**

Figtree Playground

Madison

Park Regis City Quays

凱恩斯傑克和尼威爾度假公寓 **P26**
Jack & Newell Cairns Holiday Apartments

Piermonde

三一灣海口
Trinity Inlet

N

124

0   100m

4

C
D

● 餐廳・咖啡店　● 商店　● 夜間娛樂　● 美容保養　● 觀光景點・戶外活動　H 飯店

珊瑚海
Coral Sea

Buchan Point

往道格拉斯港

**PALM
COVE**

Palm Cove
Country Club
& Golf Course

碼頭
Jetty

右圖

游泳區
Swimming Enclosure

Buchan St.

Cummings Dr.

Paul Dr.

Colonial Dr.

Coral Coast Dr.

Great Barrier Reef Dr.

大堡礁海灘路

Cedar Rd.

Williams Esp.

Warren St.

Tom
Mcdonald
Pk

Terebra St.

Veivers Rd.

Triton St.

Williams
Esplanade

Foley Rd.

Deep Acres Dr.

Argentea Blvd.

Argentea Blvd.

Linden St.

Park

Cons
Park

Upolu Esp.

**CLIFTON
BEACH**

鉑爾曼棕櫚灣海神廟Spa度假村 P72
Pullman Palm Cove
Sea Temple Resort & Spa
└ Vie Spa P72

Alexandra St.

Endeavour Rd.

Ellison St.

Saxon St.

Beaver St.

Arlington Esp.

Clifton Rd.

Crispin St.

**庫克灣
Cook Bay**

Evergreen St.

P73 凱瓦拉海灘度假村 H
Kewarra Beach Resort&Spa

Nicholas St.

Captain Cook Hwy

Paradise Palms Dr.

Albatross St.

Gannet St.

Kewarra St.

Paradise Palms
Golf Course

**KEWARRA
BEACH**

Cottesside Dr.

Poolwood Rd.

N

0   500m

H Novotel Rocktord
Palm Cove Resort

Coral Coast Dr.

Cedar Rd.

游泳區
Swimming Enclosure

P70 Palm Cove
Tourist Information ℹ

胡椒海灘Spa俱樂部酒店 P73
Peppers Beach Club & Spa Palm Cove

P71 Palm Cove
Shopping Village

P71 RAA and
the TEMPLE

Tom
Mcdonald
Pk

Tilvia St.

Drupa St.

Thais St.

Lambus St.

Terebra St.

Burga St.

Oliva St.

Amphora St.

Harpa St.

Williams Esplanade

珊瑚礁之家棕櫚灣
美憬閣索菲特酒店 P73
The Reef House Palm Cove
• Casmar Cafe Bar

P71 Vivo ●

P71 Deli a
Drift

Grand Mercure
Rockford Palm Cove P73

Baccaneer Beach
& Surf P71

Triton St.

NUNU
P71

阿拉曼達棕櫚灣
蘭斯摩爾酒店 P72
Alamanda Palm Cove by Lancemore

N

0   200m
